U0030791

目錄 CONTENTS

出版緣起 004

紓壓篇

運動紓壓 008
生命的質量取決於你的健康，要活就要動

海洋紓壓 026
智者樂水，大海會幫助你的心找到解答

捏爆泡泡紙紓壓 038
在傳統中玩出變化，小小包裝用紙也能變身成紓壓大功臣

書法養生和紓壓 050
與中華國粹歷史文化的跨時代交流

賞魚紓壓 066
想要像魚一樣盡情自在舞動，就先把心打開吧

電影紓壓 080
讓無邊無際的想像力驅逐你的壓力

著色紓壓 092
藝術治療的領域，遠大於你的想像

烘焙紓壓 104
用色、香、味來療癒自己

寫作紓壓　　　　　　　　　　　　　　116
讓文字不只激發你大腦的創造力，更活化你的心情

烹飪紓壓　　　　　　　　　　　　　　130
烹調的不只是美食，更是好心情的滋味

植栽紓壓　　　　　　　　　　　　　　144
只要你離不開氧氣，你的生活圈就不該離植物太遠

療癒小物紓壓　　　　　　　　　　　　160
你永遠值得被療癒

療癒篇

你累了嗎　　　　　　　　　　　　　　176
別再爲難自己，減少精神內耗

給情緒低落的另一個自己　　　　　　　192
你一定要成爲最會激勵自己的療癒大師

你的夢想，我挺你　　　　　　　　　　204
只要深信不疑，你的夢想，將因你而偉大

善良的你，曾經被人在身後捅刀嗎　　　216
強大起來吧！善良是你的優勢，不是劣勢

美好豐盛從何而來　　　　　　　　　　230
心態一變，心念一轉，隨手拈來，盡是豐收

出版緣起

主要作者 黃素珍　*黃素珍*

根據亞特蘭大疾病管制局、史丹佛大學醫學院和許多醫學專家的看法，襲捲全球第一名的健康殺手，就是壓力！壓力若調適不良就會壓出疾病，它所造成的死亡率更甚於癌症、心臟病或吸煙，影響之鉅令人不得等閒視之。

個人投入醫療體系服務超過 40 年，由基層護理人員、護理長、護理督導、護理主任至副院長，甚至擔任衛福部醫院評鑑委員及多所大專院校之講師，足跡遍及臨床、醫療機構及學界，看盡人生百態，深知疾病對個人及家庭衝擊之深，更深解醫療人員在白色巨塔下的壓力之大；不僅長期扮演服務提供者，更面對來自外在嚴峻疫情的衝擊以及內部醫療照護品質、病人安全及顧客滿意度等等的嚴格要求，時時身處在壓力炸鍋之中。鑑於壓力害人健康之深，個人幾經思量神來發想，值此剛退休最具生產力之黃金時期，如何一本初衷、滿懷熱誠、持續貢獻一己之力，爲人群、爲後進造福？出書分享個人成功紓壓之經驗，以及國內外專家學者的紓壓良方，不失爲一項傳遞善知識的利器。當此之際，又與 Podcast「聽點不一樣」節目主持人－「聽點」有志一同，基於相同理念而合作，製作一系列紓壓單元特輯，希冀透過廣播平台，能讓更多人得知有效紓壓的重要性、益處並起而行。

由於紓壓雖人人都知道、人人都需要，卻未必人人都做得好或有去付諸行動，只因放心不下、犯了工作狂、只知付出

忘了善待自己、忽略紓壓的重要性或公文滿桌病……不少人甚至誤以爲紓壓需花大錢，需花時間，很難做到，等有空再說……其實不然！本書所談看似簡單的紓壓方法，其實背後均有許多機理與研究結果作支持；書中蒐集許多國內外專家、學者、臨床實證、研究、報告所發表的深度內容，用淺顯易懂的方式來介紹每種紓壓方法的理論依據、益處、重要性與做法；希望能讓更多有緣人加深對紓壓方式的認知，得以選擇最適合自己的紓壓方法，來釋放壓力療癒心靈，進而對健康的促進與維持、工作效率的提高或生活品質的提升等目的，達到事半功倍之效。

個人深盼透過此書與 Podcast「聽點不一樣」能告訴更多人：紓壓可以很簡單，很生活化，只要有心就能做得好。一些容易被人忽略卻被證實爲有效的紓壓良方，值得被重視。當你在百忙中懂得「一時片刻」的釋壓，就可爲你養一份清氣，潤一顆淸心。

也希望藉著本書的問世，能喚醒人們對紓壓與心靈淨化的重視，未病先防，不讓今日的疲勞成爲明日的過勞，不讓潛伏在內心的壓力因子，成爲他日疾病的種子！唯有深植紓壓心態，用正確的方式養成紓壓好習慣，自然能從高壓、減壓到釋壓，以臻「紓壓心運動，減壓新生活」之境，讓身體遠離壓力殺手的迫害，讓心靈悅動起來，讓生活迎新，做自己身心靈的主人，健康快樂智慧過生活。

出版緣起

協同作者 聽點

一直以來整個大環境充斥著壓力因子，無時無刻都可能荼毒傷害著人們的心靈，造成病、累、煩、苦。如同汽油車需要加油、電動車需要充電、船舶需要停靠，人們需要多一點的空間讓自己釋放壓力；因爲一顆心的體積本來就不大，本來就不應該背負過多。

當身體生病需要治療時，我們首先會看身體哪裡感到不舒服，請醫生檢查身體，醫生透過專業技術找出病灶所在，再進行治療，以期使功能失調部位恢復正常；但是除了身體之外，其實人的靈魂和情緒也需要被好好治療，因爲靈魂的痛苦，常常更甚於身體的病痛。

聽點個人在過往諮詢超過千人的經驗中深刻感悟到，有時候固執地存在於身體內的壓力能量，會折磨著鑽進死胡同裡的人們，靈魂痛苦會讓人失去了方向，導致他們不是向外攻擊就是向內攻擊，受傷的往往都是自己。情緒潰堤或壓抑至極的人，甚至可以堅決的求死，用非自然的方式來結束自己的生命，這需要何等的膽量和執著。爲什麼不能把這樣的膽量和執著，轉化成「一定要擺脫壓力」的決心呢？

如果有人正處在壓力的危害下而不自知時，有機會透過這本書的文字來提醒他紓壓的重要性，並採用有醫學根據或經科

學驗證的方法，來進行有效的紓壓；或是如果有人在最關鍵最需要聲音呼喊他遠離情緒懸崖的那一刻，聽點的聲音有機會透過 Podcast 傳入他的耳裡，爲他人帶來改變的契機與希望，這就是聽點協力出版此書最大的心願。

或許讀者不一定能隨身攜帶著一本書，但是可以隨時用手機打開 APP 收聽 Podcast「聽點不一樣」節目，給您注入生命的活水。聽點期望不只是用文字，也能用聲音爲有緣在空中相遇的讀者聽眾們加油打氣，帶給人們更多往幸福轉念的想法與方法，讓更多人知道，當他們在偌大的壓力環境下孤軍奮戰或心情迷惘時，就算身邊沒有人能及時給予支持，至少還有一個空中的朋友可以 24 小時不間斷的放送溫暖與善知識，只要他們願意，翻開書本、看看療癒的 Q 圖或文字，或是收聽 Podcast「聽點不一樣」。

期望這本書能讓讀者聽眾學會適時適宜釋放壓力、釋放糾結，不讓這些壓力殺手囚禁了自己的今天和明天。透過閱讀心靈文章與自己靜態對話，用這本書介紹的方法來當自己的紓壓師，學會有效釋放壓力，遠離病、累、煩、苦，每次在轉念的當下都能重新迎來內心的春天！

運動紓壓

生命的質量取決於你的健康，要活就要動！

良好的運動，不只能強健體魄，也能鍛鍊心智。外動形，內修心，紓壓成了運動最自然的產物！

要如何透過運動來紓壓、如何選擇適合自己的運動項目，就是本篇要探討的重點，希望運動不只是律動你的身體而已，還能舞動你的心靈。

● 有氧運動，讓心情愉快減少憂鬱

美國精神醫學學會（American Psychiatric Association）是由許多美國精神科醫生組成的專業組織，具有全球性的影響力。美國精神醫學學會曾根據多項綜合研究得出結論，證實「運動」確實可作為一種緩解壓力的形式。

根據美國壓力調查中心的報告發現，有許多受訪者表示，他們從運動中獲得了正向的好處，例如自我感覺良好、心情愉快，還有改善整體健康狀況、體重指數以及心血管問題。研究亦表明運動可以緩解壓力、減少抑鬱和改善認知功能。

此外，據哈佛大學（Harvard University）醫學院的健康報導，運動確實會減少體內某些壓力荷爾蒙，比如腎上腺素（Epinephrine 或 Adrenaline）和皮質醇（Cortisol）。若是有氧運動還會增加內啡肽的產生。所謂內啡肽（Endorphin，亦稱腦內啡、腦內嗎啡或音譯安多酚）是身體的情緒升降機，是一種會讓人產生幸福感的化學物質，也是一種腦內可以自行生成的類嗎啡

生物化學合成物。觸發內啡肽生成的因素很獨特，是來自於身體的疼痛，它能產生跟嗎啡、鴉片劑一樣的止痛效果和欣快感，能夠幫助人隱藏身體的痛苦，以堅持下去完成一個任務或者完成一個行為。除了具有鎮痛功能外，還有調節體溫、心血管、呼吸的功能。

● 運動能適度紓解壓力

生物人類學家－海倫·費舍爾（Helen Fisher）曾說過：「內啡肽給人帶來的感覺是不可思議的，而非精疲力竭。」當運動量超過某一階段時，體內便會分泌內啡肽，進而產生一種「跑步者的愉悅感（Runner's High）」。對一個常常跑步的人而言，一定可以體會到運動給人帶來所謂的「爽度」；尤其是那種不斷推動自己超越自我極限，在感覺快要堅持不住的當下卻又必須多跑一百米後所得到的「爽度」，就是腦內分泌內啡肽所帶來的感受。

雖然有氧運動並不是緩解壓力的唯一方式，但是在某些情況下，有氧運動卻是緩解壓力最有效的方式之一。成立於 1924 年的美國心臟協會（American Heart

Association，AHA），也曾在內部期刊《美國心臟協會期刊》和醫學雜誌《循環》中提到，建議正常人每週至少進行 150 分鐘中等強度的有氧運動。如果時間有限，並且無法參加完整的 30 分鐘訓練，那麼改成進行 3 次 10 分鐘的鍛鍊，也被證實與一次進行 30 分鐘的鍛鍊效果幾乎是一樣的，能幫助降低運動者整體生活壓力水平並提高生活品質（Quality of Life，簡稱 QOL）。

此外，緊張、焦慮、憤怒和輕度抑鬱等情緒通常與壓力並存，如果能養成定期運動的習慣，提高身體利用氧氣的能力，改善血液流動，這兩種變化都會對大腦產生好的影響。

美國焦慮與抑鬱協會（ADAA）也曾提及，壓力已經是現代人生活中不可避免的一部分了。根據 ADAA 對壓力和焦慮症最新的調查發現，有七成的美國成年人表示他們每天都會經歷壓力或焦慮，並且大多數人認為這對他們的生活造成了一定程度的干擾。也有將近一半的人覺得因為受到壓力的影響而連帶產生了許多身體和情緒上的不良症狀。

ADAA 表示，要想完全消除壓力是不可能的，但是可以學會管理壓力。根據 ADAA 在線民意調查發現，大約有 14% 的人會利用定期運動來應對壓力，還有相對較多的人會用以下方式來紓壓：與朋友或家人交談（18%）、睡覺（17%）、看電影或電視（14%）、吃飯（14%）和聽音樂（13%）。

雖然上述這些方式都是眾所周知的放鬆方法，但運動卻是醫療保健專業人員最推薦的一種紓壓方式。在運動項目的研究調查中顯示，步行（29%）、跑步（20%）和瑜伽（11%）是最爲普遍的前三大選項。

● 運動好處不勝枚舉

美國馬薩諸塞州的萊諾克斯綜合醫生 — 傑夫·米格多（Jeff Migdow）曾說：「人體並不是爲了整天坐著而設計的，想要獲得健康，就必須配合運動。」

國內外已有多項研究証實運動確有許多益處，例如：

1. 透過運動，不只可以有助擺脫煩惱，讓心情變好，還

能改善睡眠週期與質量。運動過程中涉及的重複動作，可以促進運動者對局部肢體的關注，以加強訓練、促進恢復或提早察覺身體的異狀。而透過專注於運動時的動作節奏，可以體驗到許多類似於冥想的相同好處。

2. 運動能消耗掉身體內讓人感到壓力的物質（例如前面提到的腎上腺素和皮質醇），幫助身體放鬆和舒緩壓力，同時讓內心得到平靜，並有助於清晰思路。

3. 運動能轉移注意力，讓運動者在運動當下不再拘泥於原有的挫折與壓力，還能確立自我價值、改變形象、增加自信心。不但可保持身體健康、還能促進心理健康。

4. 運動在減輕壓力疲勞、提高警覺性和注意力以及增強整體認知功能方面非常有所助益。當生活壓力耗盡你的精力或注意力時，尤其有用。

5. 運動能對抗疾病，改善身體及心理狀態。定期進行運動可以降低血壓、改善膽固醇並降低血糖、降低心臟病發作、減少罹患中風、糖尿病、結腸癌、乳腺癌、骨質疏鬆症、肥胖、抑鬱甚至是癡呆（記憶力減退）

的風險。

6. 定期或持續的有氧運動已被證明可以降低整體緊張程度，穩定和提升正面情緒，改善睡眠，並提高自尊。即使是 5 分鐘的有氧運動，也能激發抗焦慮作用。

7. 透過對職業運動員的研究，也證實了規律的定期運動可以讓身體新陳代謝、心臟血液循環功能和精神狀態帶來顯著的變化。因為運動具有令人振奮和放鬆、提供刺激和恢復平靜、對抗抑鬱和消除壓力的功效。臨床試驗也已成功地使用運動方式來治療焦慮症和臨床抑鬱症。

8. 運動可以延緩衰老過程，增加能量與耐力，延長壽命。

運動的好處真是不勝枚舉。

在台灣，根據教育部體育署於 2020 年發布的「運動現況調查成果」得知，參與運動人口比率有 82.8%，自 2008 年至今連續維持八成以上的高運動參與比例，規律運動人口比例也達 33.0%（規律運動 7333 定義：每週運動 3 次以上；每次運動 30 分鐘以上；心跳達 130 或是運動強度達到會流汗也會喘），顯示全民運動已形

成風潮。既然運動的好處不勝枚舉，運動的選項也多如牛毛，要如何選擇適合自己的運動，用對的方式來運動，讓運動成為有效促進健康的方法，而不是淪為消耗身體能量的勞動，其中存有極大的學問。

● 實踐專家推薦的運動選項

美國加州聖克拉拉大學（Santa Clara University，簡稱 SCU）心理學副教授－湯瑪士·普蘭特博士（Thomas Plante）也特別提出有不少運動已經研究證實可以有效增強身體能量和緩解壓力。

以下簡單介紹幾項：

一、普拉提（Pilates）

普拉提（又譯：皮拉提斯）是以其創造者約瑟夫·普拉提（Joseph Hubertus Pilates）的名字命名而來，透過「控制、核心、呼吸、專注、精確、流暢」等六大原則設計動作，旨在增強運動者的肌肉力量、柔韌性、耐力、平衡感和雕塑身體線條。普拉提兼具有氧以及無氧運動的特點，透過專注於動作本身，能將思緒從負面情緒中

抽離，進而提振身心狀態，有效緩解壓力。

普拉提還有細分不同種類，例如墊上普拉提（Mat Pilates）和器械普拉提（Equipment Pilates 或 Machine Pilates）。

這裡要特別介紹器械普拉提中有一種 Arc Barrel（普拉提脊椎調整訓練），是以結合芭蕾、瑜伽和普拉提為靈感所創造的運動。英國 IPHM 國際認證自然療法執行師暨德國 Arc 3D 脊椎訓練師－彭于倩曾說：「人口老化已席捲全世界，活到老，更要活得好。要想達到全方位平衡式健康，需要一套兼具修心及養生的運動訓練計畫。脊椎是我們人體的『頂樑柱』，人老脊椎先老，因此脊椎的養護對於維持健康而言顯得格外重要。弧形板（Arc Barrel）不只可以幫助脊椎的減壓和伸展，再結合心靈練習，更可讓人透過普拉提獨特的舞蹈和各式動作中，得到伸展放鬆紓壓的效果。」

二、瑜伽（Yoga）

瑜伽源自五千多年前的古印度文化，講究追求身體、心靈和精神的和諧及統一。溫和的瑜伽涉及一系列移動和

靜止的動作或姿勢，可促進血液循環，加強身體的柔軟度、耐力和平衡感。同時結合呼吸管理和冥想，有益於減低心理上的壓力和焦慮，改善情感和精神狀態。

瑜伽可以增強運動者身體和心靈的自然放鬆反應，讓身心進入健康的平衡狀態，是一種極好的緩解壓力的運動。

三、武術（Martial arts）

學習和練習武術有助於提高運動者的平衡性、靈活性和協調性。武術的項目繁多，例如跆拳道（Taekwondo）、馬伽術（Contact Combat）、空手道（Karate）、柔道（Judo）、中華傳統武術（Chinese traditional martial arts）等，除了能讓運動者強身健體、保持活力之外，學到的自衛防身技巧，也可以讓運動者更有安全感，更有自信。透過釋放身體的能量來讓情緒有宣洩的出口，是鍛鍊心智、抒發壓力、擺脫沮喪和緊張、解決挫折的有力手段。

這裡要特別介紹一項結合了一系列自定節奏、流暢的身體動作和呼吸技巧的中華傳統武術－太極拳（Tai

Chi）。據研究指出，透過太極拳進行身心鍛鍊對健康有很多益處：可以幫助增加骨密度、降低血壓、增強免疫系統，甚至可以緩解心力衰竭、關節炎和纖維肌痛等疾病的症狀。

雖然太極拳的動作原理源於武術，但旨在平靜心靈和調理身體，這使太極拳成為緩解壓力的絕佳選擇。國際武術大師－彭雪人在其著作《功夫高手》中曾提及：「中華傳統武術乃『外練筋骨皮，內修一口氣』之術，不只是鍛鍊一個人的筋骨皮肉或某部位器官、追求有形的肉體強壯而已，更是培養內在心性的功夫。」

「太極拳透過靜思冥想進行心靈之旅，體察覺知萬事萬物的美妙。透過呼吸吐納，將臟腑中所有的穢氣及內心積存的煩憂情緒，一吐而盡，直到胸腹皆空，然後再輕輕的吸氣，感受大地的能量隨著微弱氣息一吋一吋的進入己身，從鼻經口、胸、腹而達丹田，想像吸入的天地精華慢慢地散布全身，到達每個細胞。將內心之鬱吐得乾淨，吐得完全，就可以吸進全然純淨的能量。」

太極拳剛柔並濟，只求其意，不求其形，各年齡層的人

都可以輕鬆地將其融入日常生活之中。一旦運動者掌握
了呼吸及心境運轉的訣竅，不限時地皆能自然紓壓於無
形，不愧爲享譽中外的中華武術瑰寶。

四、團隊競技運動（Team Sports）

團隊競技運動通常是指同一團隊裡參與的運動員，彼此
透過共同努力互相合作，以達成共同目標、或爲了最
終贏得比賽的多人運動。例如爲了把分數追加到超越敵
隊，團隊成員需要設定目標、做出決策、溝通、管理衝
突、解決問題與克服難關，在信任與互助的氛圍中力求
實現目標。

這樣的運動包括籃球、排球、網球、棒球、足球、曲棍
球、美式足球、水球、袋棍球、划船、橄欖球、板球、
手球和其他團體競技性質的運動。

團隊競技運動常常面臨到三大挑戰：以弱勝強或保持領
先、技巧及戰略對抗、以及齊心協力團結一致才能獲得
勝利。運動者不僅可以與同好一起享受運動的樂趣，還
可以鍛鍊出汗水並刺激腦內釋放內啡肽。與朋友、同事
或競爭對手一起鍛鍊，也可以激勵運動者更加努力地推

動自己以保持競爭力,如果能在全心投入、心無旁騖的狀態下參加團隊運動,可讓緩解負面情緒壓力的效果倍增。

五、戶外運動(Outdoor Sports)

舉凡長跑、騎自行車、越野、滑雪、登山和其他戶外活動,透過風景的變化和呼吸大自然新鮮空氣,將有助於運動者轉換心情、清醒頭腦。

大自然是人類最親近的療癒師,不論是山區林野間植物釋放的氧氣及芬多精(Phytoncide)有益於人體,還是瀑布海邊的負離子有助於身心放鬆,在舒適宜人的戶外環境下進行運動,對身心來說無疑是最佳的調養所。

六、跳舞(Dance)

跳舞需要花時間學習並記住舞蹈步伐與舞步變化,可以刺激大腦、增強記憶力,甚至可以預防失智症的發作。不同的舞蹈類型,可以提高大腦的規劃能力和組織能力等認知功能。適宜的舞蹈動作也可以增加肢體的柔韌性並降低僵硬度,提高平衡感、優雅度和敏捷性。

當舞者隨著音樂起舞，或是跟身旁的舞伴進行交流時，會提高心律可強化心臟，還能增加體內血清素的水平。血清素（Serotonin，又稱 5- 羥色胺和血清胺，簡稱為 5-HT）被普遍認為是體內幸福和快樂感覺的貢獻者，可以改善負面情緒、減少憂鬱發生、增進樂觀的心態與活力、減輕壓力。

七、步行（Walk）

世界衛生組織認定，走路是世界上最好的運動，也是最容易做的運動之一，幾乎是隨時隨地都可以進行。透過釋放主要肌肉群的緊張感，加深呼吸並使神經系統平靜下來，可以令人放鬆並達到紓緩情緒的效果。

步行時，人體的血管受到擠壓，能推動血液流動起來，進而增加身體的免疫力，也能降低許多與壓力有關的疾病發生率，例如心血管疾病、高血壓、高膽固醇以及二型糖尿病等。

經常步行也會刺激腦內分泌內啡肽，可提振心情使人產生愉快的感覺，進而讓壓力水平降低，減少罹患憂鬱症的機率。

此外，呼吸是人賴以續命、終其一生最自然的運動，如能有意識地加深加長呼吸頻率，透過深呼吸主動去意識身體的每一個部位，讓身體、動作與心智產生連結；在生理上，能為身體帶來更多的氧氣，增加肺活量；在心理上，可以提高對緊張感、疲憊感、不適感及壓力的覺察，進而有意識地去強化放鬆的意念。

「快速、淺表、不穩定的呼吸」是對壓力的常見反應，相反的，「緩慢、深沉、規律的呼吸」則是放鬆的標誌。運動者可以學習控制自己的呼吸，讓它們模仿放鬆的感覺，進而達到真實放鬆紓壓的效果。

如果你的生活是很緊湊又沒時間運動的人，可以嘗試用深呼吸練習運動來減輕壓力與緩和情緒。

以下是深呼吸練習運動的步驟順序：
1. 緩慢而深層地運用腹式呼吸法吸氣，將你的胃推出，盡量最大限度地擴張你的橫膈膜。
2. 感覺吸氣到達極限時，短暫地屏住呼吸。
3. 心中默數 10 秒後，再慢慢地呼氣。過程中可以試著感受呼出空氣的溫度，同時心裡想著「放鬆」。

4. 重複以上順序 5 到 10 次，把專注力放在自己深層而
　 緩慢的呼吸動作上。

深呼吸練習運動很容易學會，你可以隨時隨地進行；尤
其當生活緊張或壓力發生時，你可以進行深呼吸練習運
動來幫助消散壓力及紓緩心情。隨時隨地都可以練習上
述套路，然後在你最需要的時候使用它。如果你覺得它
有幫助，可以考慮每天重複練習 4 到 6 次，直到習慣為止。

以上，介紹完這麼多類型的運動，不知道你心有所屬了
嗎？

運動紓壓最大的重點，在於要選擇適合自己的運動。請
選擇你喜歡而不是害怕的運動，才能有效促進你的健康
並減輕你的壓力。舉例來說，如果你不喜歡水，請不要
選擇游泳作為你的主要紓壓運動項目。如果團隊競技運
動的模式讓你感到焦慮，那麼為團隊競技運動比賽所進
行的訓練，將無助於你緩解壓力。

你可以勇於去嘗試各種運動活動，直到找到你喜歡又適
宜的運動項目。唯有當你真正喜歡上運動，才更有可能
去堅持運動計劃，讓自己得到持久的健康喔！

　　運動，就是「運而後動」，先運心，再動身！舞出自己喜歡的樣子最重要。

海洋紓壓

常常聽到有人會這樣說：「我心情不好，想去看海。」

「不知道爲什麼，忽然好想去吹吹海風喔～」

本篇要來跟大家聊聊～海到底有什麼魔力？

爲什麼可以幫助人紓壓呢？

如何善用大自然的力量，來幫助我們自我療癒呢？

● 發現海洋療法的神奇成效

海洋本身就是一種力量，被稱作「生命的搖籃」，它也有治癒的力量，因為在海水中的感覺，和在母體羊水中的感覺很相似。如果將海水加熱到接近正常體溫時，再運用海水療法，就可以產生「類似回歸母體」般的感覺，使人產生放鬆感，由內而外達到療癒的效果。

「海洋療法（Thalassotherapy）」這個詞是源於希臘語的「Thalassa（海）」，和法語的「Therapie（治療）」，兩者的結合語有「海水療法」之意；是一種利用海水、海中的動植物及海景等環境要素，來預防與治療疾病的自然療法。健康的海洋療法，可以透過溫暖的海水來進行，主要運用於海水浴及游泳。因為海水含有氯化鈉、氯化鎂等無機鹽，以及蛋白質、含糖物質、脂質等有機物質，能削減對身體有害的正離子和自由基（Free radical），進而提升腦部認知能力，甚至可以讓人變得更聰明。而海水中的鹽也有維持色胺（Tryptamine）和褪黑激素（Melatonin）的功效，幫助減憂並維持健康。此外，還有海洋性氣候及海藻、海泥等海洋療法的活用要素，都有助於身心全面放鬆紓壓。

海洋療法在歐洲較為盛行，而海洋療法機構大致分為「海洋療法醫院」、「海洋療法型復健中心」、「海洋療法型健康促進中心」以及「海洋療法型健康中心」四種類型。使用者在當地醫師的處方下，可療養 1 ～ 2 週。此外，在日本沖繩也有海水療法浴場，是日本全國唯一一家海中整體設施中心。

日本神戶大學海洋科學研究院也有研究指出，海岸線的環境，對人在心理上的正面影響力，比陸地還要高。尤其當站在海岸線的邊緣，俯瞰大海的廣闊，會讓你同時感到勢不可擋和微不足道。海洋純粹的美麗既可以壓倒一切，又可以激發靈感。如果是在風平浪靜的日子裡，進入溫暖的水域時，海浪將從你腳邊掃過，海水會撫摸著你的身體，然後又輕輕地將你推回沙灘上，那會令人有一種年輕、充滿活力和快樂的感覺。

● 靜賞湛藍海景也能有效紓壓

美國科學促進會期刊上的一項研究也發現，讓眼睛注視著海洋一段時間，可以改變腦電波頻率，讓我們進入一

種溫和的冥想狀態。用手觸摸沙子的簡單動作，或是將雙腳放在溫暖的沙子中，也會讓人感覺放鬆。

當人在海邊行走時，所吸入海風中的海鹽粒子（含有身體所需的鈣、鎂、碘等礦物質），可以吸附並作用在呼吸道的黏膜上，尤其適合於呼吸器官疾病的病患。海風的氣味帶有一種舒適感，能刺激腦部分泌血清素（Serotonin），使身體得到放鬆，並且充滿力量。海風中還含有天然的負離子，也有助於人獲得舒緩的狀態。在海岸大氣浴的作用下，還可以提升新陳代謝、心肺機能並安定自律神經系統；所以，對於老年人、高血壓、呼吸系統功能較差的人來說，去泡海洋溫泉或海水浴也有放鬆和靜養的效果。如果無法去海邊，選擇去其他有瀑布的地方，也是吸收負離子的好所在。

美國密歇根州立大學教授 Amber Pearson 在一項研究中證實了，海真的有撫平傷痛的效果。當人來到海邊的時候，腦部會自動轉換成放鬆紓壓模式，平日造成腦部壓力的刺激物會逐漸消失。同時，海洋遼闊的空間延伸感，也會提高一個人的心胸開放程度，讓人變得更大方，也較能接受新的觀點。

此外，英屬哥倫比亞大學（University of British Columbia，簡稱 UBC）有研究指出，藍色是一種平靜的顏色，它有助於提升創意工作的效率，也能減輕生活上帶來的壓力。尤其現代人長時間使用高科技產品，容易產生焦慮和依賴感，也可以藉由看海來排解。同時，海浪聲也會啟動人的副交感神經系統（Parasympathetic nervous system），改變腦中的波頻，增加 α 波（Alpha wave），讓人的心靈獲得平靜。也因此，在歐洲海洋療法的概念，也常被應用在冥想減壓的療程中；因為投入海洋的環境中，可以讓人暫時忘記時間的存在，放慢生活的步調，當下盡情享受吹著海風的愜意，達到放鬆紓壓的效果。

也有越來越多研究都陸續證實，聆聽水聲和海浪聲能夠改善失眠狀況，這也是為什麼很多幫助睡眠的機器會加上海浪拍打的聲音。對此，Neuron 雜誌在 2016 年的文章中也曾經提到，長時間、持續性聆聽環境音，如水聲、雨聲、風聲和海浪聲等大自然的聲音，甚至是自言自語聲、咀嚼生菜聲等能夠有效淹沒外部噪音的聲音，都有冷靜情緒的效果。並且可以演變成睡眠聲音，幫助人們入眠，進而能拉長人們深度睡眠時間。

● 精選熱門海景勝地

現代人生活步調快速，每天有做不完的事，想來趟說走就走的輕旅行，可能都有些難度。當你想遠離塵囂、暫時拋開世界上一切音訊的時候，去海邊，就是個絕佳的選擇之一。當你對日常感到失望，甚至被生活壓的喘不過氣時，也不妨到海邊走走吧！當你坐在岸邊，感受海浪拍打的聲音或觸感，可以靜下心來重新去思考及審視自己的人生觀，做出更好的選擇。只要靜靜聆聽海聲，沉浸在大海所賜予的氛圍和氣味裡，都可以大大降低憂鬱和焦慮的心情。

台灣是山水兼具的寶島，四面環海，有許多美麗海岸及沙灘，各地的海景也都有各自的風貌與特色，不論是登高望海、與海共舞，還是坐在岸邊咖啡座品味悠閒，都可以讓海風與海水徹底療癒自己喔！

喜歡陽光、沙灘和大海的朋友，在此推薦以下一些好去處，不妨找個時間去海邊釋放一下吧！倘佯在碧海藍天的映照下，一定能令你心曠神怡。

推薦一：新北市－白沙灣
地址：新北市石門區德茂里下員坑（2號省道23公里處）
如果沿著北部濱海公路兜風，就可以經過這個由富貴角及麟山鼻合抱而成的半月形天然海灣！白沙灣海水浴場附近的生態非常豐富，有綿延1公里的貝殼白沙，很適合去戲沙或撿拾貝殼。附近的山坡斜度適合風又大，也是滑翔翼、跳傘活動的良好場所。

推薦二：新北市－淺水灣海濱公園
地址：新北市三芝區後厝裡北勢子淡金公路
三芝區淺水灣是北台灣著名的景點，擁有彎月形沙灘的海濱美景，每到假日總是可以看到路邊停滿車，許多人攜家帶眷來這邊玩沙戲水，也吸引了不少愛好衝浪的人士到淺水灣來一展身手。

淺水灣的海岸線具有岩岸與沙灣的特質，有亮白沙岸及覆滿綠藻的藻礁海岸地形。海岸不遠處有一片礁石區，附近也有沙灘及步道，設施完善、風景優美、咖啡廳林立，可賞海景又可游泳，也可以選擇在傍晚時分徐行在步道上，靜靜觀賞天際的夕陽晚霞，享受微涼的海風吹拂，別有一番意境。

推薦三：台中－高美濕地

地址：台中市清水區大甲溪出海口

由於高美濕地兼具泥質及沙灘，加上與河口沼澤地帶交會，因此共同孕育出豐富的濕地生態。每年秋冬之際都會有大批的候鳥抵達，一直都是台中熱門賞鳥景點！

當遊客行經一條長長的木製棧道後，走入高美濕地園區便可以下濕地漫步，這邊的水非常淺、很安全，沙面也不會滑動或是鬆軟，是個不錯的戲水區。若是傍晚時間前往，還能一賞迷人的夕陽映照，一望無際的景色超美。

高美自行車道沿途還有規劃「河濱生態解說園」、「燈塔博物館」、「生態展售區」、「生態解說體驗園」、「濱海生態學習園區」、「電力博物館」等園區，讓遊客可以在騎乘過程中，不只欣賞到優美的風景，還能對高美濕地有更深入的了解。

推薦四：台南－漁光島

地址：台南市安平區漁光路 114 號

漁光島是位於安平區、緊鄰安平漁港與商港的一個獨立

小島，面積約 400 多公頃。靠著漁光橋和安平相連，走過一片森林小步道，映入眼簾就是絕美的月牙灣。情侶也可選擇在黃昏時刻前往，一起漫步看著夕陽落下，別有詩意。

漁光島除了是踏浪、賞夕陽及攝影愛好者喜愛的拍攝景點外，更是帆船訓練場所之一。這裡還有露天戶外展場，每年會舉辦漁光島藝術節，可以趁著活動時去感受一下不同的玩樂氣氛。

推薦五：墾丁－南灣遊憩區

地址：屏東縣恆春鎮南灣里南灣路 223 號

南灣又稱為「藍灣」，沙灘約 600 公尺，沙質柔軟，是墾丁國家公園最寬闊、最高人氣的沙灘，也是郊遊、游泳、划船、駕駛帆船的勝地。由於南灣沙灘呈黃色，因此有「金沙白浪」的美譽，被推選為恆春八景之一。每逢夏天就是旅客和泳客的水上天堂，非常熱鬧，總是擠滿前來享受清涼的人潮，也是年輕人時下避暑的絕佳去處。

推薦六：宜蘭－外澳沙灘

地址：宜蘭縣頭城鎮濱海路二段 6 號

外澳沙灘位於烏石港北面，擁有長達約 2 公里的綿延沙灘，隔著藍色汪洋，隱約可見遠方的龜山島。

平坦潔淨的沙灘和雪白的浪花，吸引有許多人在周末前去堆沙戲水。這裡不僅是衝浪客心目中的衝浪天堂，也是飛行傘等極限運動的集中地。旅客們可沿著烏石港北側的堤防內側步道漫步，還能同時觀賞到龜山島的壯觀景象。

推薦七：花蓮－七星潭

地址：花蓮縣新城鄉海岸路

七星潭是位在花蓮的風景區，如果以自行車道為動脈，從花蓮市南濱公園、經花蓮港、四八高地到七星潭風景區，長達 21 公里的旅程，可見到許多不同的風光。

其實七星潭是面向太平洋的海灣，因為得天獨厚的地理環境形成新月形狀的海灣，海灣的末端倚著高聳的中央山脈，海水潔淨蔚藍，黑石晶瑩剔透，對於喜歡賞日出的人，這裡是個好去處。

以上，介紹了這麼多，不知道你心動了嗎？

快找個時間去看海，把煩惱和壓力都丟掉吧！

看海、聽海、聞海風、戲海水⋯⋯不論你要如何親近大海，它都會溫柔的回饋你療癒的力量。

捏爆泡泡紙紓壓

許多人都有買過易碎品或精密商品的經驗，在打開包裝之後，不知道你有沒有注意到，在商品外部大多會包裹著一層充滿氣泡突起的泡泡紙，主要是用來幫物品減壓，保護商品在搬運過程中避免因為遭到碰撞而損壞。

這看似不起眼的泡泡紙，除了上述功用之外，居然也能讓壓力如山大的現代人們當作紓壓小物把玩一番！

本篇就要來探究一下，這幾乎隨手可得的泡泡紙，究竟藏有什麼樣的紓壓秘密！

● 動手捏一捏的紓壓方式正當紅

泡泡紙（Bubble Wrap）是一種塑膠包裝材料，一般呈現透明狀，上面佈滿注入空氣的小氣泡，緊密有秩序的排列，能夠有效地提供緩衝、避免碰撞，與其他包材比較起來，算是最常見的緩衝材料之一。泡泡紙有許多別名，又稱爲氣泡布、氣泡包裝、空氣袋、氣泡袋、氣泡紙、氣泡膜、氣泡墊、泡泡紙等，廣泛用於抗震性緩衝包裝，經常用來包裹易碎、精密或不耐衝擊的物品。有些泡泡紙還做成袋狀，或是直接貼附在紙製封套裡層，方便直接裝入物品使用。

雖然泡泡紙原本是用在運送貨物時，可起保護作用的材料工具，但其實許多人對於泡泡紙的好感並不只限於此功能。看到泡泡紙的瞬間，總是會忍不住想順手捏個幾下，享受捏爆它的樂趣，聽到接二連三泡泡破掉時產生「啵～啵～啵～」的聲音，就有種莫名的趣味與舒暢感；這就是我們從小就熟悉的泡泡紙，它不只是小孩最經濟實惠的玩具，現在還被拿來當作紓壓小物之一！

目前還有人設計出手機應用程式 APP，專門模擬氣泡

紙，讓想紓壓的人來戳破它。也有公司設計出捏不破、可以重複使用的泡泡紙，但實際做問卷調查結果發現，喜歡實體泡泡紙的人還是佔多數。因為透過手指觸摸氣泡那軟軟又 Q 彈的觸感，加上視覺上看著可愛小氣泡排列整齊，好像等著你一一去捏爆它的模樣，很容易讓人一旦開始捏下去之後，就愛不釋手，情緒跟著嗨不停。再加上聽到捏爆後的啵啵聲響，讓人想一個又接著一個的繼續捏下去，欲罷不能；尤其煩躁的時候捏個幾下，看著氣泡一個接著一個破掉，就好像壓力也跟著氣消了，能讓人覺得解壓又療癒。

● 認識泡泡紙的發明過程

有人可能會好奇，形狀特殊的泡泡紙，一開始是怎麼被發明出來的呢？

根據美國《赫芬頓郵報》（The Huffington Post）報導，泡泡紙的發明者菲爾丁（Alfred Fielding）和夏凡（Marc Chavannes）在 1957 年時，企圖製造一種壁紙，他們將兩片浴簾壓在一起，期望能完成一面是紙、

另一面是塑膠材質的特殊壁紙，但卻意外完成充滿透明氣泡的泡泡紙。菲爾丁及夏凡兩人，並沒有因為壁紙發明失敗而灰心喪志，反而替這個從未見過的新材料找出一個新用途；就是用來當作防止產品撞擊碎裂的包裝紙。而泡泡紙的這項功能，至今仍被廣泛使用。

在 1960 年，這兩位發明者創立希悅爾公司（Sealed Air），名稱亦如它所主打的氣泡紙，在此之前，完全沒有任何一間公司將紙或塑膠灌滿小氣泡。

在 1961 年，希悅爾開始使用泡泡紙作為包裝用途。

在 1993 年，兩位泡泡紙發明者，被列入美國新澤西州的發明家名人堂，與愛迪生、愛因斯坦並列。

在 1998 年，出版了《氣泡紙之書》一書，書裡探討了許多這種材料的不同新用途。

事實上，泡泡紙的紓壓效果，是有經過研究證實的。早在 1990 年代，心理學家—凱瑟琳狄龍（Kathleen M. Dillon）就在《心理學報告》（Psychological Reports）期刊中，針對按泡泡紙可以紓壓這件事，發

表了重要的觀點。

凱瑟琳狄龍引用了 1970 年代就有的一個說法：「碰觸有讓人冷靜的力量。」源自古希臘時期一直到現代亞洲許多地方，都可以見到有人會以平滑的石頭、琥珀或玉作為媒介（或稱作「解憂珠」），透過讓人觸摸的方式而獲得冷靜、平復情緒的效果。同樣的，泡泡紙上佈滿圓鼓鼓的小氣泡，也有類似的效果，可以讓人透過那圓滑 Q 彈的觸感，得到被療癒的感受。

凱瑟琳狄龍也在對大學生做的實驗中，得到按壓泡泡紙可以獲得解壓力量的印證。她將大學生分成兩組，一組可以按壓泡泡紙，另一組則不行。結果發現，按壓了泡泡紙之後的大學生，可以變得比之前更冷靜、也更清醒，比另一組沒有按壓泡泡紙的大學生，在遇到困難時表現得更沉著、更具警覺性。凱瑟琳狄龍認為，這是和人們在遇到壓力時產生的反應機制有關。

人在壓力應激狀態下，會將自己的潛能都激發出來。按壓泡泡紙，可以讓人適時的舒緩壓力、調節身心狀態，這一點在現實生活中是非常有用的，當面臨危險的時

候，更能迅速做出要反擊還是要逃離的決定，不至於在危險將至的時候，因猶豫不決而錯過了最佳判斷時機。

凱瑟琳狄龍在接受紐約時報採訪的時候也說：「捏爆泡泡紙是一種強迫症，它會讓人上癮，但在某種程度上來說，這樣做是有好處的。」當手很忙碌的時候，也會讓一個人的心靈較為放鬆，而捏爆泡泡紙通常會一顆接著一顆，在這個過程中，可以讓人靜下來，並且獲得解壓的力量。也許對一部分的人來說，捏爆泡泡紙之所以有趣，純粹是被「啵～啵～啵～」的聲音吸引吧！因為這個聲音聽久了還真容易會讓人成癮、產生欲罷不能的感受呢！

● 捏泡泡紙能穩定情緒與壓力

美國戰略諮詢公司凱爾頓研究公司（Kelton Research）有調查顯示，持續 1 分鐘的戳泡泡紙運動，相當於按摩 33 分鐘的紓壓效果，而且它完全是免費的！這項調查評估美國人當前的壓力水準，發現了泡泡紙帶來的驚人紓壓效果。因為按壓泡泡紙還能提升專注力，

讓一個人更能平靜、冷靜、專心、專注去處理當下的事情。舉例來說，排除其他干擾因素不提，如果一邊看手機、看書、或看電腦資料時，一邊捏泡泡紙，注意力還可能會提高。也有科學研究顯示，手裡握著小東西，能幫助紓緩緊繃的神經，達到紓壓效果。

美國心理治療師—斯蒂芬妮·莫爾頓·薩基斯（Dr. Stephanie Sarkis），她同時也是美國心理健康顧問協會的外交官和兒童與青少年心理健康諮詢的臨床專家，她曾經解釋道：「捏爆泡泡紙這個動作，與我們釋放積累的壓力相似。當我們進行類似的動作來釋放壓力時，大腦會增加神經傳導物質多巴胺（Dopamine）及去甲腎上腺素（Norepinephrine）的分泌，從而產生良好感覺。」

美國心理學家—羅伯特·E·塞耶（Robert E. Thayer），同時也是國際公認的人類情緒研究領導者，他也曾提出「捏爆泡泡紙能緩解肌肉緊繃」的論點。因為一個人在緊張和壓力下，往往需要一段冷靜思考的時間，他們可能會在不知不覺中出現輕敲手指、抖腳等動

作，如果這時候可以有張泡泡紙讓他們捏一捏，將非常有助於減輕壓力感。

此外，還有研究指出，人們喜歡捏爆泡泡紙，絕不只是因為手癢而已。除了給人帶來滿足感和紓壓感之外，還可以提供一種破壞和征服的成就感，就像追求權力和地位能使人驕傲，捏爆破泡泡也可以讓人得到特別的喜悅，讓情緒得到發洩，壓力多了管道能夠釋放，心情也隨之變好！雖說捏爆泡泡紙與減壓之間的關係，還不是很明確，仍需要投入更多的研究，才能再深入探討與支持這個說法，但捏爆泡泡紙這行為對我們並不會帶來傷害，經濟又實惠，物品也容易隨手可得，要是你願意相信這樣做能釋放自己積壓的負能量，不妨就試試用力捏爆它吧！

基於以上眾多論點，建議你下次在捏爆泡泡之前，不妨先讓手指尖停留在氣泡上久一點，甚至可以閉上眼睛，把專注力放在指尖上，用心去感受指尖下小氣泡的柔軟與彈性，能幫助內心平靜下來。手指頭順時針滑動幾下，再逆時針滑動幾下，想像身邊渴望的事，即將如圓

圓的小氣泡一般越來越圓滿，內心充滿對自己的祝福，讓脾氣圓滑起來，讓注意力從煩惱中分散出來，你一定可以感受到內心世界變得不同。

接著，再緩慢施加手指的壓力，想像所有不順利、不愉快、一切負面的東西，都被你壓制在手指尖下。直到聽到清脆的「啵～」一聲時，請在內心告訴自己：煩惱又少了一些、氣又消了一些，自己正往快樂的感覺又邁向一步，自己的壓力正在逐漸釋放，自己的未來可以越來越輕鬆自在，並且正朝向更美好的時間流前進！

你可以用以上這樣近似冥想的步驟，緩慢把玩指尖下的小氣泡，也可以爽快的訓練手速，用自己喜歡的節奏感，一個接著一個去捏爆泡泡紙。無論如何，盡量順著你的心情而爲之，讓壓力也隨著被捏爆的氣泡一起消散吧！

別小看泡泡紙「啵～啵～啵～」的魔力，那可是紓壓的響樂呀！

書法養生和紓壓

本篇要跟大家一起來一場「與書法歷史文化的跨時代交流」，同時結合現代科學研究的文獻和報告，來探討如何將古人的書法智慧，套用融入到現代生活之中，以及如何透過書法來達到養生命、養身體、養心性、調理情緒、紓緩壓力的效果。

● 自古卽以撰寫書法陶冶心志

你還記得小時候學校教的書法課嗎？簡單的一支毛筆、一張紙、硯台與墨，便能開始享受書法的薰陶。這蘊藏著中華數千年的文化與智慧，結合著哲理、書法名家的故事啟示，以及長壽養生的秘訣，成就了自古以來書法技藝的獨特地位。

現代人生活緊湊，生活節奏步調快，日復一日累積了許多身心壓力，嚴重的話會直接影響生理和心理的健康。每個人都知道紓壓的重要性，卻不是每個人都會去留意兼顧的。然而，紓壓並不是有錢有閒才能享受的福利，紓壓也可以運用很簡單的方式實踐，像是寫書法，就可以達到遠超過你想像的效果！

書法的英文 Calligraphy，源自希臘文字 καλλιγραφα，calli 和 graphy 分別有「美麗」和「書寫」的意思，可見書法並非只是單純書寫字體的方法，也是一種藝術形式。

書法藝術（Calligraphy Art）的第一批作品不是文字，而是一些如象形文字或圖畫文字的刻畫符號。漢字的刻

畫符號，首先出現在陶器上，最初並沒有確切的含義，直到距今八千多年前，黃河流域出現了磁山、斐李崗文化，在斐李崗出土的手製陶瓷上，有較多的類文字符號出現，具有交際、記事與圖案裝飾的混合功能，並形成目前漢字的雛形。接著距今約六千年前仰韶文化的半坡遺址，出土了有一些帶有類似文字的簡單刻畫彩陶。這些符號已有別於花紋圖案，可說是中華文字的起源。

而中華書法藝術歷史和中華文字使用的歷史一樣悠久，自從甲骨文發明以來，中華書法藝術的字體經歷了篆書、隸書、草書、楷書、行書等發展階段，每個階段都誕生了許多的書法家和書法作品，這些書法家和書法作品，構成了中華書法藝術的深厚傳統精隨。

「書法」一詞，最早是出現在宋梁年間的著作中，當時有「書學」、「法書」、「書道」之稱，在日本稱「書道」，在韓國稱「書藝」，台灣則稱爲「書法」。書法既是漢字的書寫方法，也是一種以漢字爲主體、以毛筆爲書寫工具的線條造型藝術。

書法作品，是書法藝術的一種相對完整的表現形式，主

要是在宣紙上靠毛筆運動的靈活多變和水墨的豐富性，留下斑斑墨跡，在紙面上形成有意境趣味的黑白構成。書法作品的款式也很多，主要有中堂、條幅、橫披、對聯、匾額、長卷及扇面等。

在中國歷史中也出了許多書法名家，其中最耳熟能詳的非王羲之莫屬了。王羲之，字逸少，官拜右軍將軍，人稱王右軍。王羲之的書法，人稱帶有道教離塵脫俗之心、超然世外之念、飄逸欲仙之意、藝術巔峰之境。王羲之在書法史上取得的成就影響巨大，被後人譽為古今之冠，他也因此被尊為「書聖」。但其真跡皆已失傳，著名的《蘭亭集序》等帖，皆為後人臨摹。

除此之外，還有許多古代知名書法家，透過書法達到養生的目的，也成為當代的長壽代表人物之一。回顧從漢代至清代，在人類平均壽命只有 25 歲～ 40 歲的時代，著名書法家們的平均壽命居然高達約 80 歲；例如唐代的柳公權 87 歲、歐陽詢 84 歲、虞世南 80 歲；其後的楊維楨 74 歲、文徵明 89 歲、梁同書 92 歲。從清朝末年到新中國成立之前，當時人類平均年齡為 40 歲～ 62

歲，而著名書法家們平均壽命卻可達88歲，之後，進入現代、當代，著名書法家們平均壽命已經超過90歲了；例如齊白石、黃賓虹、何香凝均享壽90歲以上，朱屺瞻、蘇局仙、孫墨佛等更活上了百歲高壽。

由此可知，書法藝術可不只能增添生活情趣，對於延年益壽有獨特之功。現代醫學專家也有研究結論表明，可使人長壽的20種技職中，書法名列榜首！這可能是因爲當一個人長期練習書法，能穩定情緒，可以使書寫者內心平靜、寧靜，使忙碌生活產生的焦慮感和緊張心情得到緩解，保持身心健康。

專心於書法創作讓心靈趨於平靜

在書法藝術的創作上，可以擁有紓壓或療癒情緒的效果，原理其實很簡單，就是書寫者能以輕鬆自然的態度，自行紓解緩和心中鬱悶之氣，使心靈歸於平靜，解放壓力。當人心無執念或罣礙時，生理上也會啟動自我療癒機制，讓身體輕盈通暢起來，直到人體與自然環境之間達成平衡，便能眞正的達到所謂養生的境界。

寫書法所能產生的紓壓與養生效果，已經有太多研究與案例支持這個說法；例如知名歌手田馥甄，便曾經跟記者表達，喜歡透過靜態的喝茶和寫書法來紓壓。

在南安普敦大學（University of Southampton）的出版物《Wessex Scene》中也曾指出，練習書法不僅對精神有好處，對身體也有！透過研究發現，書法的書寫練習，具有降低個人心率和增加皮膚溫度的能力，這些效果類似於在練習冥想的人身上發現的鎮靜效果。寫書法帶來的紓緩情緒效果，很可能是書寫者為了創造完美結果所需的專注力所引起的，這項研究結果證實了寫書法是一種有前途的減壓新方法。

高齡106歲的中國著名長壽書法家－孫墨佛也曾說：「寫字可以養心、養性、養氣、養神、養生。寫起字來精神集中，萬念俱消，颱風下雨都聽不見，狀如練氣功。」

還有大林慈濟醫院－林名男副院長也曾表示，透過書寫毛筆字的過程，不僅可使人心情平靜，同時還能達到放鬆效果；尤其對於獨居的老人而言，平時面對空虛又難以打發的時間，在有了寫書法這件事情可以做之後，

生活又開始有了重心，而心情好，身體自然就會跟著健康。

● 書法也可應用於臨床治療

然而，寫書法不僅是種休閒活動，也可以是臨床治療的方式之一。從現代醫學研究發現，寫書法對人體具有生理和心理兩方面的作用：在生理上可使心率和呼吸頻率減慢，血壓降低，腦血管擴張等；在心理上能使人心情愉快，精神放鬆，減少緊張和焦慮，同時有提高專注力，促進精神康復、紓緩壓力等效果。

大林慈濟臨床心理中心－許秋田醫師曾表示，「書法治療」是一種蘊涵文化內容和營養的心理治療方式。在書寫的過程中，可以讓書寫者的身心，在完成一次次的練習中得到整合、協調，同時從文字和描繪符號圖像中，使呼吸平穩、肌肉放鬆。而過去也曾有研究指出，寫書法能達到專注與放鬆狀態，對腦功能極為重要，對改善人的情緒也有積極效果。養成寫書法的好習慣，可明顯改善書寫者的負性想法。

而大林慈濟醫院家醫科－陳世琦醫師也曾表示，特別在院內的老人日照中心教導民眾寫書法，不僅可增進生理、認知、注意力等能力外，也能改變患者的心理，使他變得更正向、開朗。

香港大學－高尚仁教授曾經做過實驗，發現人在寫書法時，心臟搏動比一般休息狀態時更慢、更有規律性。書寫者心靈進入持續安靜的狀態，對血壓有積極的調節作用。

還有，深圳神經科學研究所所長－譚麗海教授和香港大學社會工作與社會行政學系－陳龍偉教授，對於書法治療工作也提出支持論點，認為書法療法涉及用毛筆手寫漢字，這需要標記字符、具視覺空間特性的寫作過程，能激活並促進患者生理上、認知上和情緒健康上的積極變化，可以有效改善一些復健行為、神經認知和軀體障礙。或是一些疾病，如創傷後應激障礙（Post-traumatic stress disorder，簡稱 PTSD，又稱創傷後遺症、創傷後壓力症候群）、自閉症、注意力缺陷多動障礙、阿茲海默症（Alzheimer's disease，俗稱早老

性痴呆、老年痴呆、失智症）、抑鬱症和中風等，也都有助於改善病徵。

他們還對一名處於嚴重昏迷狀態的中風患者進行了 2 年的書法手寫訓練，在這項研究中，該患者植物人採用了獨特的手指書寫方法，經過 9 個月的書法筆跡訓練，患者從昏迷狀態中醒來，並表現出預測方向的行為變化。在接續的治療裡，他的病情一直保持穩定，改進的領域包括視覺注意力、精神集中、更快的反應和更廣泛的視覺跨度。

經由以上諸多論述研究，可見書法的養生與紓壓效果已在醫學界得到確認。最大原因來自於練習書法時，必須排除雜念，在高度集中的精神狀態下，加上規律的呼吸吐納，以及手、眼、腦的協調配合，透過指法、臂法、腕法、身法訓練，在這將點畫組成文字結構的書寫過程中，會激活大腦神經細胞，使全身血氣更通暢，手臂和腰部的肌肉得到扭轉和鍛鍊，達到強身健體之功效。

具體來說，書法的養生和紓壓效果可以分為看不見的「靜態功夫」和看得見的「動態功夫」兩方面。例如學習或

練習書法時，要求全身心全然地投入，排除雜念，平穩呼吸，意守丹田，將自身的感受，通過柔軟的毛筆，將剛勁有力的字寫在紙上，這種感覺與體育運動中打太極拳、練習氣功等鍛鍊有著異曲同工之妙，是一種動與靜的運動過程，從中取得的鍛鍊效果是不言而喻的。在展紙揮毫之際，人體各部位的肌肉和關節，甚至腰部也都相應地得到鍛鍊。心靜而後手動，形神合一，心不外馳，專心致志，通過內外的協調作用，使血脈、氣路、經絡均得到疏通，因而起到消除疲勞和紓解壓力的作用。

若是從心理調節的角度來看，當人處於情緒激動的狀態時，如果能坐下來寫上數百字的楷書，一筆一畫專心於點畫之中，慢慢地寫，不久就會覺得情緒安定、冷靜平和。而當覺得情緒低落、鬱結煩惱時，如果能練練行書、草書，任意揮灑至酣暢淋漓，情緒得到宣洩，則精神倍增、意氣風發。

心理學家也指出，不良情緒是健康的大敵，是疾病侵入身體的門票。就調節情緒狀態這方面來說，書法就有著十分重要的意義，練習寫書法能陶冶人的性情，淨化心

靈。因為練習書法時，思想高度集中，心平氣和，精神狀態完全進入「靜」的境界；一靜而制百動，甚至還可以達到忘我的境界，心情和思想都融入文字的意境當中，對眼前或身邊發生的不愉快事情變得視而不見、聽而不聞，從而進入既輕鬆又舒適的狀態，沒有了妄念和煩惱，精神獲得享受。不只如此，看著自己的書寫作品可以得到滿足感與成就感；去欣賞和臨摹優秀的書作，也能使人賞心悅目，帶來美好的享受，令人樂在其中，起著調節人們情緒的作用。

練習書法還能使神經系統興奮與抑制趨於平和，是自然調節人體機能的好方法。持之以恆地練習書法，長期處於心平氣和的狀態之中，久而久之，可以使書寫者的身心得到鍛鍊，性情達到「寧靜致遠」，自然也就能祛病、延年而益壽。

● 練習書法時的必備要點

如果你已經心動了，想拿起久違的毛筆來揮毫一番，還需要注意以下的細節，才能達到更好的鍛鍊保養效果。

1. 練習書法時，胸部要擴張，背部要挺直，將頭端正起來，並讓身體稍微向前傾斜，使胸與肺有舒展自如的餘地，讓眼睛與紙張保持約 30 公分距離，比較不易感到疲勞。

2. 在習字的時候，因手腕著力運動筆管，往腹部伸屈，而心搏猶如鐘擺一樣地自然運動，因此上肢的運動，如果能與心搏配合，效果將更為加分，就好像是傳統醫學中的推拿按摩一般，透過書寫的運動，我們也能自己幫五臟六腑按摩。

3. 握筆方式可用大拇指和食指相夾，用中指輕勾筆桿，並由無名指的第一關節側面頂住，再由小指輕抵無名指。握筆時力量鬆緊適中，才不會造成手部易痠的問題，且筆桿與紙的傾斜度可盡量保持在 45 度到 60 度間最為省力。

4. 在運筆過程之中，通過 5 隻手指執筆，反覆運動來調和氣血、活絡關節、平衡陰陽、增加身體的活動力、調節身體內在功能。如此不僅有利於食物的消化和人體大腦的新陳代謝，更有利於排泄沉積於臟器的脂褐素

（Lipofuscin），延緩老化，減少皮膚淺表老年斑的形成。

5. 雖說時代的進步，已經有可以直接替換墨汁的毛筆出現，但如果可以，請不要忽略使用硯台磨墨的這個動作，不只可以磨練耐性心性，一樣具有運動手腕、按摩手指的功效。

總之，面對著世界的變動不安，人心也越來越浮躁，容易變得病態而壓抑，生活不再是輕鬆自如，而是越來越不堪重負。加上忙碌的現代人慣有的焦躁、偏激，和內心深處沉重的不安全感，讓我們不得不重新審視自己的內心，一定要尋找健康的出口。寫書法，便是可以用來調節我們生活和身體的一劑良方。

無論是有志於成為書法家，還是作為興趣愛好，只要有心學習寫書法，對於心智與身體的鍛鍊，都將是一個很棒的決定。讓我們開始準備文房四寶，主動拿起毛筆，找回兒時純粹寫書法的感覺吧！與其把時間花在抱怨生活，不如嘗試拿起毛筆，與自己的心靈對話，大筆一揮，把一切的不如意、工作壓力與生活煩惱都一撇而散！透

　　過寫書法讓自己找到壓力的釋放口，讓心態不斷歸零，
讓自己在每一次揮毫過後，都煥然重生。

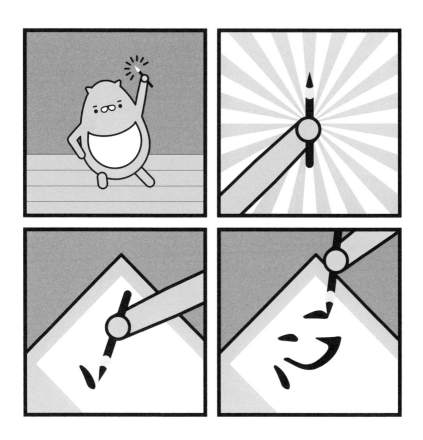

改變，就從拿起毛筆寫字開始。讓書法成爲一種修養，一種修行，更是一種健康的生活習慣。

賞魚紓壓

「魚兒魚兒水中游，游來游去樂悠悠。
倦了臥水草，餓了覓小蟲。
樂悠悠，樂悠悠，水晶世界任自由。」

這首耳熟能詳的兒歌，用簡單的歌詞，道出許多人的嚮往，「樂悠悠，任自由」，多美妙的境界呀！

自古以來，多少文人墨客喜歡用詩詞來表達賞魚的樂趣，但你知道嗎，看著溪流河川、水族館或是魚缸裡的魚游來游去，是真的有紓壓的效果喔！

本篇就要跟大家一起來探究賞魚的奧秘，並分享一些能更有效紓壓的賞魚小撇步，好舒緩心情，轉換念頭，釋放壓力！

● 投入水族世界有益身心，減緩部分疾病發生

根據英國國家海洋水族館（National Marine Aquarium）發表在《環境與行為》這本雜誌上的研究指出，花時間觀看水族館和魚缸的人，可以看到他們的身心健康有所改善。這個研究，是由英國國家海洋水族館慈善機構，與英國西南部規模最大的大學普利茅斯大學（Plymouth University），以及研究型大學艾希特大學（University of Exeter）等三大權威單位，一起就「賞魚對健康的益處」這個主題進行了研究，評估人們對含有不同數量魚類的水族館，或是對魚缸所產生的身心反應是什麼？研究團隊發現，觀看水族館或是魚缸裡的魚游來游去，會幫助減輕疼痛、提高心率、降低高血壓的症狀。若能觀賞魚游來游去超過 10 分鐘以上，還有助於讓人們提升注意力，並放鬆他們的情緒，有效紓緩壓力。

英國國家海洋水族館在世界上第一個受控實驗中得知，受測者在觀看英國國家海洋水族館內水族箱裡的魚游來游去，在 10 分鐘內的心率、血壓和各種情緒變化，發

現有大部分的生理變化是在前 5 分鐘內便產生了，然後最後才趨於平穩。在後續心理測量中也發現，人們在整個賞魚的過程中，有變得越來越放鬆、平靜與快樂的現象。

上述這個實驗是在英國國家海洋水族館的營業時間進行，因此參與實驗的人正在體驗水族館的正常條件，例如噪音、人潮等，但卻依然產生正向的結果，足以顯示賞魚對紓壓是有明顯幫助。歐美許多醫生的手術室和牙科候診室中，很常見到可供患者觀賞的魚缸或是水族箱的佈置，其實就是與紓緩患者緊張情緒有關。

此外，位於美國中西部印第安納州的普渡大學（Purdue University）也有研究指出，觀看水族館或是魚缸裡的魚游來游去，可以安撫阿茲海默症（Alzheimer's disease，AD），也就是俗稱的早老性痴呆、老年痴呆、失智症的患者，減少破壞性行為，並可改善患者的飲食習慣。

這項研究，是由一位名叫南西‧愛德華（Nancy Edwards）的護理教授在倫敦國際護理會議的海報會議

上，展示了這項研究的初步結果。她追踪了 60 位患者，
分別住在印第安納州的 3 個療養院中，內部有專為阿茲
海默症設置的專業照護病房。她發現，有接觸過魚缸的
患者，平時情緒似乎更加放鬆，但在遇到事情時的反應
時卻又更具警覺性；不只如此，他們的胃口也變好了，
吃的食物比引入魚缸之前多出 21%，食品消費平均增
長 17.2%。該研究還表示，患者的病態行為，如徘徊、
踱步、大喊大叫和身體攻擊等，發病次數和行為持續時
間都有所減少。

南西・愛德華（Nancy Edwards）護理教授表示，進
食通常是阿茲海默症患者要面臨的一個可怕問題，因為
患者可能會在大廳裡跑來跑去，或是昏昏欲睡以至於無
法保持清醒吃東西。透過五顏六色的魚缸或是水族箱，
可吸引患者長達 30 分鐘的注意力，並紓緩緊張的情緒，
這對於許多阿茲海默症患者來說，是一個相對較長且方
便餵食的時間。

◌ 一探動物輔助治療的奧秘

針對「動物輔助治療（Animal-Assisted Therapy，簡稱 AAT）」有研究指出，動物輔助治療能讓人們產生幸福感，是因為選擇飼養動物做為精神伴侶，可以得到諸如陪伴、情感支持、減少孤獨感、自我療癒等令人身心愉悅的感受，有益於改善身體健康。這樣的效果，如同幼兒喜歡觀看動物的圖像或影片，相較於選擇與這些動物相似的玩具會更喜歡與真實的動物互動。

養魚，便是動物輔助治療中，較廣為接受的選項之一。由於飼養動物還需要額外花上照料的時間與精力，因此養魚相對於飼養其他動物來說，較為靜態與簡易；尤其對於一些行動不便、較年長或身心障礙者，是更好的選擇。

至於賞魚有那些小撇步，能更有助於紓壓及療癒呢？建議你可以從以下幾點著手。

1. 不同的魚種、魚鱗閃閃的色彩，對人心裡產生的效果是不一樣的。例如：

· 紅色有刺激腦電波、加強血液循環、煽動情緒、促進食慾、激發熱情與活力的作用。

· 藍色能使人感覺平靜、冷靜又能激發創意，有減緩心跳、降低緊張感的效果。

· 黃色象徵著溫暖、光明、直覺、樂觀，會令人產生陽光般特質的感受，使人感到積極、強化專注力，也有降低焦慮的效果。

· 橘色能增加腦部供氧量，產生能量供給反應、刺激腦部活動，並為環境注入溫暖能量，也能激發熱忱。

· 白色做為無色調，最能激發創造力和製造空間感，帶給人明亮、乾淨、暢快、樸素、單純、雅致、貞潔、善良、純潔的感受。

綜觀上述，建議你在挑選購買喜歡的魚種時，還可以多把握顏色的特性，一定可以產生更佳的影響。

2. 用心佈置魚缸或是水族箱，打造更優良的視覺環境。建議可以多選擇以綠色為基底的水生植物來做點綴。

因為綠色通常象徵著和平、恢復、安全、新鮮、自然及穩定，是相對中性、和諧、平衡的色彩，可以減少眼睛的疲勞，安定人心，讓人放鬆。

此外，也可以用石頭、水晶、仿真小房子、小風車等裝飾，讓整體看起來就像是個豐富的小小世界。在忙碌或是想放鬆之餘，看著精心為魚兒打造的家，自己靜下心 5 到 10 分鐘來觀看魚兒悠游自得的樣子，你會發現積累的壓力會逐漸消失，因為動物在吸引人注意力方面，特別有效。

3. 除了觀賞魚兒時而嬉戲追逐，時而慢慢騰騰、悠游水中、怡然自得、大嘴搶食等可愛模樣之外，還能觀賞魚兒自由搖擺或跳躍時產生水的波動及波紋。除了可以紓緩眼睛的疲勞、肌肉的緊繃、緊張的生活情緒，還可以調整心率；因為觀賞水缸裡流動的魚與水，能起到平靜內心的作用。

4. 當魚兒在水底棲息時，視覺也可以跟著一起停滯休息，讓眼睛得到休息與放鬆，藉以調節視力。如果能配合著冥想更好，讓注意力集中於一處不動，彷彿時間跟著靜止一般。或是單純的讓大腦放空，讓煩惱也

隨著時間一點一滴流逝而去。

可別忽略「放空發呆」的好處，這並不是無聊的行為，反而還有助於促進健康。中國大陸國家衛計委曾推出「5125」健康生活理念，其中第一個「5」，就是倡導每天發呆 5 分鐘，便具有助集中精神、有效緩解焦慮、激活腦細胞、提升創造力以及增強記憶力的效果喔！

現代人生活步調緊湊，家裡養魚也好，或是假日前往一些大型的海洋生態館也罷，站在一缸水草叢生、色彩斑斕的觀賞魚面前，靜靜的看著魚兒忽快忽慢、盡情游動著，心情自然就會放鬆了。尤其對於從事科技業或是腦力工作的的人來說，賞魚具有放鬆大腦、調節視力的諸多好處，更能讓身體、大腦、眼睛都得到休息，使人心情愉悅。

● 計 畫 一 趟 趟 關 於 賞 魚 的 旅 遊

有一些海洋生態館，裡面還有美麗的海底隧道可供漫步，走在裡面，就像是跟魚群一起在海底漫遊一般。除了景色夢幻之外，蔚藍色的海底隧道會讓內心產生平靜

的感覺，如果你還沒有經歷過這種遠離塵囂、怡然忘世的感受，請記得抽空去體驗看看。

藉此也介紹一下台灣四座較具代表性的大型賞魚的地點，大家可以參考看看！

推薦一：野柳海洋世界（Yehliu Ocean World）

地址：新北市萬里區港東路 167-3 號

位於台灣新北市萬里區野柳風景區內，在基隆西北方 15 公里一處突出海中岬角之前，屬於台灣北海岸風景區中重要的旅遊景點，佔地約 1.3 公頃，範圍寬廣、視野遼闊。創立於西元 1980 年，至今擁有 30 年以上悠久歷史的野柳海洋世界，是台灣首座以海洋動物爲主題的遊樂景點。

推薦二：國立海洋生物博物館（National Museum of Marine Biology and Aquarium）

地址：屏東縣車城鄉後灣路 2 號

簡稱「海生館」，位於台灣屏東縣車城鄉，地處墾丁國家公園西北角龜山山麓的臨海地區，是以海洋生物爲主題的大型博物館。此館於西元 2000 年創立，占地約有 96.81 公頃。

這裡值得一提的是，海生館算是全台最具規模的水族館，還可以選擇在海底隧道住一晚。想徹底地享受海洋夢幻景色、在海底世界跟各種魚群睡在一起的人，可以去體驗看看彷彿在海底過夜的感覺！

推薦三：遠雄海洋公園（Farglory Ocean Park）

地址：花蓮縣壽豐鄉鹽寮村福德 189 號

俗稱「花蓮海洋公園」，創立於西年 2002 年，是一座含有主題樂園的海洋公園。園區大致可分為海洋村、探險島、海洋劇場、嘉年華歡樂街、海盜灣、布萊登海岸、海底王國及水晶城堡八大主題景區，是台灣第一座以海洋為主題，並結合自然景觀公園與五星級休閒飯店（花蓮遠雄悅來大飯店）的主題樂園。

除了有多種遊樂設施之外，還有多項表演節目，例如可愛逗趣的海豚海獅表演秀、海底世界花車遊行、大型歌舞秀及美人魚表演等，規模為東台灣最大。

推薦四：Xpark

地址：桃園市中壢區春德路 105 號

是目前台灣最新的大型水族館，也是日本橫濱八景島海

.

島樂園首座海外分館。創立於西元 2020 年，是台灣日本雙方耗時 5 年合作，一同策劃的首家海外新都會型水域生態展示空間，佔地約 4500 坪，結合數位科技，顛覆傳統水族館的樣貌，連氣溫、濕度、味道及聲音都經過縝密計算的空間裡，從天花板到地坪、延伸至水槽的影像演出，呈現出 360 度具魄力的沉浸式空間，並非單純透過壓克力玻璃觀賞生物。「Xpark」彷彿將海底世界整個搬到陸地來一樣，可以讓遊客身歷其境，每個展區都讓人感覺像徜徉在海裡一樣，可以感受到獨一無二的絕美海洋空間。

看了以上介紹，不知道你心動了嗎？

不論是買個小魚缸，開始佈置你的賞魚環境，還是趁著空閒的時間，來去賞賞魚或是被魚觀賞，都可以成為你療癒紓壓的好選項之一喔！

別總羨慕魚的悠游自在，它只能在水裡快活。
只要你願意，你的生活就是大千世界，任你遨遊！

電影紓壓

讓無邊無際的想像力驅逐你的壓力吧！

許多人喜歡看電影，是因爲可以沉浸在電影的聲光效果以及精采的劇情內容中。電影可以牽引出人們的喜怒哀樂，帶給人截然不同於現實的感受，刻劃出無比的創意，在短短的觀看時光中，令人的心神得以在無邊無際的想像世界中恣意暢懷。然而，你知道嗎？看電影除了娛樂效果之外，從科學及研究的角度來看，還可以促進健康。

本篇要用另一個角度來詮釋電影給人帶來的影響，以及如何能利用觀看電影的方式來幫助紓壓。

● 原來電影的影像聲光音效也能紓壓

電影的奧妙，在於不同的觀看者，對於同一部電影各會產生不同的解讀與影響。就算是同一個人，在人生不同的時期，觀看同一部電影，也可能產生不同的啟發。電影對於觀看者有著廣大的接受度，不論是低潮無助時、對未來沒有方向時、戀愛時、失戀時、工作不順遂時、想放鬆時、想尋求感官刺激時、想休閒找樂子時，看電影都可以滿足各種不同的需求。

而一部讓觀眾看完還能想一看再看的電影，可能從劇本、編劇、對話、美術設計、攝影、燈光、音樂與音效、導演、電影剪接等各個環節都精心設計，才能扣人心弦、引人入勝，讓觀看者徹底沉浸在其中，獲得心靈上的洗禮以及情感上的共鳴，才會讓人就算失去新鮮感，也能在每次重複觀賞的過程中，得到不同的收穫，令人意猶未盡，回味無窮。

所以當有人問我說：「你為什麼會喜歡這部電影？」通常我都會很直覺的回答：「不知道耶，就是感覺對了。」

「感覺對了」這件事情很重要，因為國外有許多研究證

實，透過觀看適當的電影，利用其中的劇情、影像、音樂與聲音等，可以讓觀眾心靈產生影響，進而引發人體自我療癒的本能，使負面情緒獲得緩解或釋放的效果，轉而激發出正面的力量，這就是「電影療法」（Cinema Therapy）。由此可見，電影並非只是一門藝術或是娛樂項目而已，同時也可做為治療工具。

● 了解電影療法神奇之處

創造出「電影療法」一詞的人是加里・所羅門博士（Gary Solomon），也有人稱他為「電影醫生」。他是第一個使用電影作為輔助治療方法的人。

目前電影療法大概分成「娛樂型電影療法」和「治療價值型電影療法」兩種。「娛樂型電影療法」，又稱「爆米花電影療法」，這種療法，可以讓觀看者的情緒得到抒發，娛樂性質也有益於增強人際關係。當人呼朋引伴一同去看電影時，不僅可以增進感情，也能促進彼此的交流和互動。

而「治療價值型電影療法」則又分成「令人回味型電影療

法」和「宣洩型電影療法」兩種。「令人回味型電影療法」
會幫助觀看者將自己的經歷，與電影情節或電影人物聯
繫起來，這種觀看電影的過程，不只可以讓觀看者以更
深刻的方式了解自己、反思自己、尋求內在心靈的解
答，也有助於提升正面能量。因為電影中有各種不同於
自己的人生故事和價值觀，在看完電影之後，有助於觀
賞者用新的角度看待事情或是用不同的心態去解讀當下
面臨的狀況。

例如看完悲傷的電影後，我們會更加珍惜當下的人事
物，面對問題的心態也會比較正面。或是看完激勵的電
影後，對故事裡的某種事物開始產生好奇或興趣，進而
幫助我們在現實生活中，找到目標以及前進的動力。

另外一種則是涉及大笑或哭泣的「宣洩型電影療法」，可
以幫助一個人更了解自己、更深刻去體會自己的情緒變
化。

例如看到某些電影的搞笑橋段而盡情大笑，這樣的大
笑，對身心健康具有很大的正面幫助，可以放鬆心情、
紓解壓力、提升免疫力。如果觀看者是處於憂鬱狀態，

則能在心理治療的早期階段使用這種方式，將有助於改善憂鬱程度。

一位電影療法的研究者－杜米特拉凱（Dumitrache）在 2014 年進行了一項研究，探討了在團體環境中使用電影療法的成效。她發現電影治療組相對於沒有使用電影療法的對照組，焦慮程度有顯著下降。證實了一部可以幫助觀看者大笑或哭泣的電影，將有助於提升觀看者的心靈層次。

前美國諮詢協會的顧問和成員－布朗溫・羅伯遜（Bronwyn Robertson）也有提到，在他作爲治療師的工作中，電影或電視節目起了強大的治療作用，即使對最麻煩或最抗拒的客戶，也能產生深遠的影響。布朗溫・羅伯遜於 2008 年發表在 Projections 上的論文《神經運動學：電影的神經科學》中指出，研究人員在人們看電影時使用功能性核磁共振影像測量觀賞者的大腦活動工作，發現電影對一個人大腦活動的控制程度，會因電影內容、剪輯和導演風格而有所差異。某些大腦區域還出現高度活動，這意味著電影在控制觀眾的情緒和思

想，以及影響觀眾的整體感觀方面，是非常有效的。

因為在看電影的時候，可讓注意力集中在電影內容，有助於減少現實中的焦慮感和緊張感，若是看輕鬆好笑又有趣的電影，愉悅的氣氛可以幫助紓緩情緒，並能達到放鬆舒壓的效果。在短暫充電之後，也能產生更為積極的心態去迎接現實中的挑戰。

在電影療法中，如果有選對適合患者的電影，其治療效果還可以超越傳統醫師用的溝通治療方式；因為電影能刺激多感官，可以快速觸發知覺、認知和情感，利用電影這樣特性，可讓患者藉機釋放情緒。所以有的不善於表達或習慣性壓抑情感的人，可能在看電影時會意外發現自己淚流不止，其實這反而是種釋放情緒和紓壓的好機會。

● 電影不只是藝術，更是與心靈溝通的橋梁

此外，看電影還可以激活大腦中與情緒處理、反思、解決問題和同理心相關的區域。假如電影的主題可以與

觀看者產生深刻的共鳴，這種心靈溝通可以達到非常深的層次，讓觀看者能夠更好地反思自己和覺察所處的環境，藉以轉變情緒及身心狀態。

英國藝術治療協會把電影治療界定為一種藝術治療，在藝術治療師的協助下，患者在完全屬於自己的私密房間，長時間觀看、揣摩各種不同風格的電影，藉由電影把積藏於內心未表達出來的情感與情緒向外呈現，將觀看者的內心衝突包融在電影之中，並且徹底沉浸在電影裡。同時也讓感官、心靈、情緒、壓力獲得釋放與共鳴，最後在電影與內心感受的互動關係中，順其自然地解決心理的問題。

美國知名心理治療師－伯吉特・沃茲（Birgit Wolz）也表示：「電影是一種具有治癒功能與成長效果的催化劑，人們可以從電影的影像、故事或音樂中，得到深刻的見解和靈感，並幫助釋放情緒和轉換心情。」

以上，分享了諸多研究及專家學者對於電影治療的論述，不難發現，其實看電影的好處還真是不少。就純粹的娛樂享受而言，電影可以帶給我們視覺上、聽覺上、

思想上的新鮮感與刺激感，好看的動作片、科技片、爽片可以給人身歷其境的感受，震撼著感官，透過電影裡的各種場景特效，讓觀看者彷彿可以暫時遺忘現實，在另一個虛擬世界中得到熱血沸騰、蕩氣迴腸、嘆爲觀止、精彩刺激的感官饗宴。

如果就電影的啟發性來說，也可以爲觀看者帶來許多人生哲理的省思與意外的收穫。例如勵志的電影可能讓我們在面臨困難挑戰時更有動力；愛情電影可能讓我們體驗愛的多樣面貌，讓我們更懂得什麼是愛；家庭電影可能讓我們認知到不同的家庭生活模式，珍惜情愛互動的關係；歷史題材的電影可以讓我們以古鑑今；兒童電影可讓孩子們在觀看電影的過程中得到歡樂、學習與成長；劇情電影可以觸發省思與領悟；驚悚電影可以探索自我的耐嚇指數，開發想像力與刺激新點子；搞笑愉快的電影則可以讓人放鬆心情和紓壓等。總之看電影的益處，不是幾字幾句便能描述完的。

現代許多人的日子過得太忙碌太緊湊了，沒有時間與精神去真正好好感受生活，也鮮少有機會去體驗人生百

態，剛好看電影就可以補足這項遺憾。選擇適當的電影，可以把人們所有的想像與憧憬具現出來、可以幫助我們說出不敢說或不知道如何表達的話、可以具體呈現我們的希望或還沒達成的願望，帶給我們滿足感；還可以透過劇情感受來釋放內心深藏已久的喜怒哀樂。就算是一句電影中的小台詞，也有機會讓人從中悟出大道理，獲得不同的人生觀和價值觀，電影就是這麼的奇妙！

所以請別再說沒空紓壓了！

在日常生活中再忙，也請不定時地空出 2 ～ 3 個小時，去看場電影吧！

去刺激一下天馬行空的想像力吧！

去享受一場美好的身心紓壓體驗吧！

去看看下一部電影又能為你的心情帶來什麼樣的影響力吧！

走吧！來去看電影囉！

就讓電影聲光影像劇情的刺激享受，助你將壓力拋往九霄雲外去吧！

著色紓壓

藝術治療的領域，遠大於你的想像！

著色塗鴉原本是小孩子的遊戲，現在卻有越來越多的成年人也開始著迷，市面上販售各式各樣專屬於成人用的著色本，便是為了「療癒大人的心」而誕生的產物。

這股源於法國的著色風潮，到底有什麼魔力呢？

在藝術治療的領域中，多留意哪些小訣竅，可以更有效達到促進健康的目的呢？

本篇想帶領大家進入繽紛的色彩世界，來聊一聊著色活動如何能幫助紓壓。

● 著色讓人專注，更有穩定情緒的可能性

原本兒童的著色塗鴉本設計，是用於幫助腦部發育，即使只是簡單著色，都能刺激兒童的創造力與感受力，同時又能訓練手部運動技巧，讓兒童在著色玩樂的過程中，還能促進身心健康與平穩情緒。

而專為成人所設計的著色本則和兒童用的截然不同，雖然同樣是以著色的方式完成作品，但裡頭的著色格卻往往更纖細狹小，就算只是簡單的大圖樣也會細分多格，讓著色者能依照自己的喜好，來創作出更加精緻的作品。

有心理學家認為，不論大人還是小孩，透過著色活動都可以活化大腦。著色不光是排遣時光的休閒活動而已，不少研究還證實，著色具有很好的紓壓效果。近幾年在美國、英國、法國、西班牙等歐美國家，很多成年人喜歡上著色的活動，成人著色本大多以「紓緩壓力、放鬆身心」作為賣點。如果從心理學的角度來看，只要繪畫者能樂在其中，自然有助於放鬆心情、減少焦慮。為喜愛的圖樣著色，不但能使心情變得輕鬆自在，沉浸在其

中時，更能轉移注意力，達到紓緩緊張與釋放壓力的效果，對於忙碌的現代人們來說，十分具有療癒效果。

● 著色本是一種藝術治療的工具

成人著色本，其實本質上就是「藝術治療」的一種工具。

什麼是「藝術治療」呢？

一般廣義的表達性藝術治療（Expressive Arts Therapy），包含了各種形式的藝術表達，包括舞蹈治療、戲劇治療及音樂治療等。狹義的藝術治療（Art Therapy），則是以視覺藝術為主的治療模式，而本篇內容主要介紹的著色紓壓便是屬於這個範疇。

藝術治療的原理，是鼓勵人們利用藝術相關的媒介進行表達、釋放、或自我療癒而得到療效，它結合了心理治療（Psychotherapy）的理論跟技術，除了經常被引導用來和緩情緒、紓減壓力、寧心靜氣、內外覺察、調和內在衝突、幫助情感昇華之外，還可以化解各種情緒上、認知上或是人際互動上的失衡與障礙；也常被用來

引領自我探索、自我認識，以及幫助身心正常發展。

人類很早就已經發現藝術與情緒可以產生連結，並具有療癒心靈的作用。二十世紀最有影響力的思想家之一—佛洛伊德，以及分析心理學的創始者—榮格，都曾提出可以運用藝術來治療精神疾病的論點。

到目前為止，藝術治療作為一門專業學科的發展歷史雖然不長，卻已衍生出各種理論和多元的實務經驗，其重要性越來越受到國際間的重視與認可。目前許多國家都有成立國家藝術治療專業協會，包括巴西、加拿大、芬蘭、黎巴嫩、以色列、日本、荷蘭、羅馬尼亞、韓國和瑞典。

● 藝術治療的重點

成立於 1969 年的美國藝術治療協會（American Art Therapy Association，AATA），約有 5000 名從事藝術治療執業的專業人士，是世界領先的藝術治療會員組織之一。成立於 1993 年的藝術治療證照委員會（Art Therapy Credentials Board, Inc.，ATCB）甚至還訂

定出藝術治療師必須遵守的專業實踐準則以及頒發證照的標準如下：

第一階、註冊藝術治療師（ATR）：資格是必須參加並圓滿完成藝術治療研究生課程，並在合格導師的監督下獲得研究生臨床經驗。

第二階、認證藝術治療師（ATR-BC）：這是藝術治療師可以獲得的最高證書。

第三階、藝術治療認證監督員（ATCS）：此高級監督證書，必須是通過經驗豐富的委員會認證後的藝術治療師，才能獲得。

在心理治療以及現代心理學的領域中，藝術治療被認為是一種行之有效的測評和治療方法，其中利用著色繪畫的方式來進行治療也被廣泛接受與應用。在專業的心理諮詢中，來訪者與諮詢師共同分析，解釋畫作也能讓來訪者對自己有新的認識和見解。許多經歷過情感創傷、身體暴力、家庭虐待、焦慮、抑鬱和其他心理問題的患者，經實驗證實，都可以從藝術治療中進行情緒的表達

及宣洩，進而從中受益，顯著減輕創傷症狀並降低抑鬱程度。

根據 2016 年發表在《美國藝術治療協會雜誌》上的一項研究可知，無論藝術經驗或天賦如何，就算是進行少於一小時的創造性活動，仍可以減輕壓力並對心理健康產生積極影響。還有一些研究證實，藝術治療可以幫助一些慢性病患者緩解壓力與焦慮。例如在美國國防部下屬的 NICoE 機構中（National Intrepid Center of Excellence），戰後老兵也可以通過接受著色繪畫治療，來減輕由戰爭帶來的創傷後壓力症候群（Post-traumatic stress disorder，PTSD）。

此外，著色療法能有效幫助人放鬆心情的另一個因素，在於創作的過程是主動性的，相較於人們選擇用音樂、電影來被動地接受訊息而言，著色、繪畫、寫作等創作活動，則涉及主動展現自我的過程，需要更多的大腦活動來支持，也因此可以更有助於幫助人們表達那些難以言語的想法、情緒和經歷。

例如在生活中，人們可以通過向親近的人傾訴煩惱來減

輕壓力。但有時候傾訴並不容易進行，單憑語言也可能並不足以表達內心全部的想法以及感受；這時，著色或是藝術創作就可以成為一種表達內心的方式。人們在著色繪畫中無意識地展現著自己的審美觀、價值觀，也會釋放內心的感情與衝突。又或許著色繪畫會讓人聯想到童年的遊戲，使人產生童趣及正向的回憶。這可能也是著色本受人喜愛的原因之一。

● 體驗著色能有效鍛鍊大腦

著色活動不只有休閒、放鬆、紓壓的作用，同時也有鍛鍊大腦、促進健康的效果。西班牙心理學家－艾雅拉（Gloria Martínez Ayala）曾說，在著色的過程中，選色、配色、混色，需要邏輯與創造力；精確上色的動作，還涉及大腦的視覺區、細微動作區，能活化左右腦不同的部位。

這樣的腦部鍛鍊活動，還能降低杏仁核（amygdala）的活性，進而放鬆情緒。由於杏仁核是人腦的「情緒中樞」，掌管焦躁、驚嚇、恐懼等負面情緒，每當人感受

到環境變化時，外來訊息會同時傳遞給杏仁核以及大腦皮質（如前額葉判斷中樞）等位置，而著色時需要專注力，會讓杏仁核活力降低，有助於穩定情緒。此外，著色時能轉移注意力，讓人暫時忘卻煩惱。因此可以說，著色繪畫的過程，本身就是紓解壓力的過程。

還有心理學家－馬蒂尼斯（Antoni Martínez）本人就很喜歡著色活動。他曾說：「著色幫助我們進入更有創意、更自由的狀態，是值得推薦的放鬆技巧。幫圖畫上顏色的時候，能連結自己的感受，因爲我們選擇顏色、濃淡、明或暗的色調，總是根據當刻心情」。馬蒂尼斯還建議大家：「最好要在安寧的環境中進行，甚至可以放首讓人放鬆的曲子（Chill Music），然後就讓顏色、線條自然呈現。」

然而，很多人以爲藝術治療只適合喜歡畫畫的人，但其實舉凡著色、繪畫、紡織、雕塑、雕刻、製陶、書法、攝影、各類型不同的手作藝術等，都可以納入藝術治療的範疇。所以不用擔心自己是否具備藝術天分，重點不是在於自己畫得有多好，而是在創作的過程怎麼幫助自

己改善心理健康，哪怕不喜歡畫畫，還是有很多其他的選擇。雖然自己在家從事藝術相關活動算不上正式的藝術治療，但閒暇之餘，或是壓力大、心情煩躁時，就算是簡單的著色塗鴉活動，都會有助於緩和心情、培養專注力以及磨練耐性。

目前市面上販售的成人紓壓著色本，著色主題風格多元化，有寫實鄉村風、美食糕點、靜物寫生、社會寫實、卡通漫畫、偶像人物、街頭塗鴉、抽象（迷幻）圖案、靈修曼陀羅、歐洲典雅風等，可以選擇自己喜歡或有感覺的著色畫作來進行著色。

建議你在繪畫成人著色本時，在用色上也不需要被物體原有的色系所限制，可以順著心情及喜好，自由自在地填色、創作。對人的心理而言，透過天馬行空的著色塗壓，能在無形中滿足人們對於自由自在、無拘無束的渴望，讓人們在「專注」著色中，「釋放」現實中的壓力，才是著色紓壓的重點。也有很多人說上了色之後覺得「很療癒」，這是因為著色後的成品可以帶給創作者成就感，放鬆心情之餘還能刺激大腦的創造力，並有助於人格正

向發展以及刺激創作潛能。

不管是採用哪一種藝術創作方式，目的都不是要訓練自己成為藝術家，而是著重於關注自己在創作過程中所發生的身心轉變，以及在現實生活中所造成的影響。由於每個人的人格特質和喜好各不相同，找到適合自己的紓壓活動，並讓其成為自己生活中例行的一部分，持之以恆，效果才會更加顯著。

最後再給一個建議，如果你想選擇用藝術創作的方式來作為自我療癒的方法時，最為重要的是要用開放、自由、關懷、愛與包容的心態來發揮藝術創作，不要為了做而做，而是順著感覺來進行。同時為自己打造一個舒適的創作小空間，也可以同時播放愛聽的輕音樂，在保持愉快的心情下享受著色的樂趣，如此紓壓和療癒的效果會更加分喔！

：◯： 來吧！在繽紛的色彩中解放自己，爲自己的心靈上好色吧！

烘焙紓壓

不知道你是否有過這樣的經驗，走在路上，偶然街角飄出了一陣剛出爐麵包的香味，總是吸引人不自覺想再多深呼吸幾下香甜的空氣，光是聞香也能令人油然而生滿足感。

國外已經研究證實，可以營造長期幸福感和溫暖感，更可以讓人對生活更加熱情正向的方法，就是烘焙。

本篇就要來探討，在日常生活中我們如何利用烘焙來紓壓？好讓我們在釋放壓力的同時，暖心又暖胃。

● 關於烘焙的源起

烘焙最早出現的歷史記載，是在古埃及金字塔時代，利用酵母來做麵包的是古埃及人，由麵粉及蜂蜜混和而製成的圓餅，是埃及人祭祀神明的高級食糧。烘焙業的盛起，是從 15 世紀由法國帶入世界各國，才逐漸普及。

烘焙不僅能給人帶來美味的食物，也是表達自我以及與人溝通的有效形式，心理學家也證實，為別人烘焙有很多意想不到的好處。因為烘焙能讓你發揮無限創意，並藉此平靜情緒和紓解壓力，具有療癒人心的力量。

2012 年獲得英國知名電視節目「大英烘焙大賽」（The Great British Bake Off）的冠軍－約翰・惠特（John Whaite）曾經說過：「當我在廚房裡，根據食譜，斟酌放入糖、麵粉、或者油的用量時，我感覺一切都在我的掌控之中，這太重要了。」由於他曾經患有憂鬱症，透過烘焙找到心靈的慰藉，還出版了一本食譜，裡頭分享他如何利用烘焙克服躁鬱，走出憂鬱。

約翰・惠特（John Whaite）也曾公開表示：「在烘焙的時候，需要高度的專注力，這樣的狀態會讓人沉浸在

烘焙之中。烘焙的好處，在於你最終能做成一個有形的成品，並且感受到這件作品可以對別人帶來好處。也因此成功抑制了我的抑鬱和悲傷，在對抗躁鬱症時也起著非常大的幫助。」

● 了解烘焙與心流理論的關係

為什麼烘焙能帶來這樣的效果呢？

在匈牙利裔美國心理學家—米哈里‧契克森米哈賴（Csíkszentmihályi Mihály）的「心流理論」中可以找到解答。

先來介紹一下，什麼是「心流（flow）」？

當一個人在高度集中精神狀態時，會產生高度的正向情緒。相較於短暫的快樂，處於「心流狀態」時，更能產生一種持續性的滿足和充實感。當人處於「心流狀態」時會出現四個特徵：

1. 產生慣性行為：在做事時，不需多加思考，身體便會習慣性地自動運作。

2. 不自覺時間流逝：因為專注而忘卻時間，等回過神時才意會過了多長的時間。

3. 不自覺他物存在：人們處在極為專注的狀態時，可能還會忽略肚子餓、手痠腳痛、背景音樂、一旁有人說話或手機震動等環境外在狀況。

4. 感到莫名的愉快：在做完事情以後，可以感受到愉悅感、滿足感和成就感等正向情緒。

當人為自己或他人烘焙時，可提升專注力，便能進入這樣奇妙的心流狀態。當然，嘗試烘焙也可以收穫相同的回報。

為什麼烘焙實際上需要很高的專注力呢？

因為你必須細緻地稱重或測量食材，過程中，擀麵團和調整火候也需注意力集中。當你專注於感受視覺、嗅覺、味覺和手部動作，專注於你正在創造的東西，專心思考著作品的呈現形式，那麼這種專注的行為就能有助於減輕壓力。

此外，烘焙也能成為表達和抒發感情的一種有效方式，尤其是為他人烘焙食物時候。人們對於甜食帶來的愉悅

感，似乎有種與生俱來的偏好。然而，對於糕點甜食，不是只有品嚐才能帶來好感受，如果能透過你的妙手，烘焙出幾道好點心，甚至分享給別人品嚐，看著對方咀嚼出幸福的模樣，那種成就感不言而喻。當你爲了他人而烘焙時，出爐的作品可以成爲一種你和對方溝通的方式之一。

● 善用烘焙成品表達心情

麻薩諸塞大學（University of Massachusetts）心理學和腦科學教授－蘇珊・惠特布恩（Susan Whitbourne）有提到，西方文化中有個傳統的習俗，當身邊有人去世的時候，可以帶自己親手烘焙的食物前往致意。因爲有些情感無法通過文字或言語完整的傳遞，但自己烘焙的食物可以傳達你想說或沒有說出口的話。對那些不知道該怎麼表達自己情緒的人來說，做一些甜點送人的同時就表達了他們的愛、感謝、同情、歉意或心意，有時候效果可能比言語還具有力量。

蘇珊・惠特布恩（Susan Whitbourne）也認爲：「百

味雜陳的情感未必能在一時半刻單靠言語盡數表達，但透過自己烘焙的食物傳達你想說的話（例如感謝、讚賞、或一些難以啟齒的話），是較佳表達情感的方式。」

烘焙不止能幫助表達自我，有助於與他人溝通，同時也是一種表達愛的方式。臨床社會工作者和烹飪藝術治療師－朱莉・歐哈娜（Julie Ohana）也說：「在很多不同文化國家中，食物確實是一種情感的表達方式，而且這樣的方式真的很美，因為食物是我們所有人都必需的。烘焙有助於維繫人與人之間的情誼，這絕對是一種積極向上且美好的事情。」

● 烘焙也成為心理輔導的一種方式

烘焙具有療癒的力量。

有心理學家認為，烹飪和烘焙符合一種名為「行為活化療法」（Behavioural Activation）的治療方式，就是透過正向活動幫助患者減輕憂鬱，讓他們因為有了目標去行動，藉此抑制他們做事拖拖拉拉和悲觀的態度。

由於烘焙符合心理治療中行為激活（Behavioural Activation）的條件，因此也有專家把烘焙用於心理輔導上；特別是患有憂鬱症的人，如果患者對烘焙本來就有興趣，那麼烘焙更能增加患者參與治療性活動的積極度，並使患者在透過烘焙與人社交的過程之中，提升愉悅感和降低負面情緒。

前述臨床社會工作者和烹飪藝術治療師—朱莉・歐哈娜（Julie Ohana）也曾提出：「烘焙符合行為活化療法，因為烘焙需要遵循一定的步驟，過程中，需要思考該怎麼調整食譜的份量？該如何調整適合的口味？做完要送給誰？什麼時候送最好？因此烘焙是讓自己『學會想遠一點』的好方法，可以減輕憂鬱、抑制悲觀、增加正面正向積極的態度。」

波士頓大學（Boston University）心理與腦科學副教授—堂娜・平克斯（Donna Pincus）也曾表示：「有很多研究文獻闡述了關於創意表達與人體健康之間存有強烈的關聯，無論是繪畫、音樂創作還是烘焙，人們都可以透過創造性地表達自我，來釋放心理的壓力與負面情緒。」

由於壓力與眾多身心問題息息相關，因此找到應對壓力的方法，透過各種有效方式進行紓解，這點至關重要。事實上，目前也有許多心理醫生透過下廚或者烘焙來當做治療及激發創意的手段。當你全神灌注在烘焙，一邊幻想著成品的外貌，一邊仔細測量麵粉和水的比例，搓揉麵團，為作品捏塑出喜愛的外型，在耐心等待成品出爐後，還能按著自己的喜好，為作品加上色彩或點綴元素增添口感的層次。這時的你，會因為忙於花心思在作品上而轉移注意力，在無形中釋放壓力。

再者，透過烘焙，也有助於提升整體幸福感。食物不僅具有填飽肚子等物理上的作用，同時具有情感上的意義，所以為他人烘焙也具有象徵性的價值。烘焙在人際關係上的正面影響，最大的好處並非尋求他人的注意或是去搶風頭，而是與那些懂得欣賞的人分享食物。當你滿懷喜悅為他人製作烘焙食品的心情，試著想著對方收到後的反應，就能做出一個能為人帶來快樂的成品。因此，為他人烘焙除了能緩解壓力，幸福感亦會隨之上升，同時維繫人與人之間的情感交流，藉以獲得心靈上的滿足。

芝加哥西北大學（Northwestern University）精神病學和行為科學系副教授－賈桂琳（Jacqueline Gollan）也表示：「看別人開心，自己也會有滿足感。如果一項活動可以被當成個人獎勵，或是成就感來源，例如我們看到別人因為吃著自己做的巧克力蛋糕感到快樂，自己也跟著開心時，這樣的活動就能增加自己的幸福感。」

烘焙本就是一項需要計畫的活動，要先準備許多材料，然後準確的計算好每份材料的份量，加上其後將麵粉攪拌、等待麵糰發酵、手做成型、再加工烘焙等多重步驟，才可創造出色香味俱全的成品。當中稍有任何一個步驟出錯，又或是缺乏耐心等待不夠、計算錯誤烘焙時間過長，你的作品就不會有漂亮的外觀以及可口的味道。為了專注在把握烘焙每個步驟的重點，自然而然會讓平日浮躁不安的心情得到平靜。

同時，為別人提供食物所帶來的精神富足，與接受他人烘焙食物所帶來的快樂，是一致的。烘焙者會從烘焙食物過程中，得到身體的鍛鍊與心理的正能量，可以增加

快樂感、幸福感、降低壓力、放鬆情緒、提高專注力等，尤其是烘焙食品出爐時的香甜氣味，更是感官的饗宴。

總之，烘焙其實不需要任何理由，只要隨心所欲，隨時都可以嘗試揉起麵團來場創作。有時心血來潮手做糕點、有時突發奇想製作餅乾、有時爲了塡飽肚子就製作麵包、有時親朋好友生日或是特殊節慶還可以手做蛋糕，情意滿分。與其說是烘焙麵包糕點，不如說，烘培的其實是心情。

現在烘焙幾乎成了國民運動，烘焙早已經不是專業師傅們的專利，就算是白紙新手，也一樣可以透過網頁、實體教學、線上影片等媒體工具輕鬆上手。坊間也充斥著許許多多烘焙用的小器材與工具，專業的烘焙教室也越來越多，食譜更是不斷推陳出新、五花八門，如果你還沒享受過烘焙的樂趣，不妨找個賞心悅目的新食譜，嘗試手作，讓自己愛上烘焙，忘卻壓力，陷入幸福的深淵吧！

動手烘焙，不只能溫暖別人的口，滿足你的胃，還能療癒你的心！

寫作紓壓

讓文字不只激發你大腦的創造力，更活化你的心情吧！

寫作是一種能正面表達感受，並將精神、情感和身體能量結合在一起的有效方式。寫作除了能培養深度思考的能力，磨練文字表達的功夫，還能透過論述自己的觀點來發揮影響力，構築與他人溝通的橋梁。但你知道嗎，寫作其實還具有很棒的紓壓效果喔！

本篇就想來探究一下，為什麼寫作能讓我們活到老學到老，以及既能有助成長又能兼顧紓壓的奧秘是什麼呢？

● 執筆書寫手腦並用，有助於建立好的心理素質

「書寫創作」算是人類文字表達的核心之一，也是歷史悠久的一種革命性行為，可以在任何地方完成，重點是免費又有效。國外許多機構甚至採用「寫作療法」（Writing therapy），將寫作和處理書面文字的行為當作一種治療方式。

國外有許多研究已證實寫作有益心理健康，因為這樣的行為可以將注意力從外在轉為內在，有助於更了解自己的行為、想法、感受及價值觀，還有靜心、紓壓、消除緊張感、提升自我意識（self-awareness）、增強自我整合能力、緩解壓抑的情緒、增進自信、做出更適合的判斷，以及提升工作效率等等好處。

多項科學研究也表明，寫作這樣簡單的行為可以降低罹患抑鬱症和其他疾病的風險。寫下痛苦的記憶和創傷，是一種有效的治療方式，可以由治療師親自進行，也可以通過郵件或網路遠端進行，對於那些喜歡保持個人匿名，並且不願意在面對面的情況下透露他們最私密的想

法和焦慮的人很有用。讓人們以積極的方式描述自己，也與促進心理健康有關。

德克薩斯大學奧斯汀分校（University of Texas at Austin）的文科心理學教授與社會心理學家－詹姆斯・W・彭內貝克（James W. Pennebaker）博士被認為是「寫作療法」的先驅，經過科學證明，寫作療法與大多數形式的治療一樣，適用於處理廣泛心理性疾病衍生的問題。

詹姆斯・W・彭內貝克博士於 1997 年在和他的同事的共同研究中表明：「撰寫有關心理創傷的文章，是一種有效的治療形式。」

他們讓參與研究者被要求連續 4 天、每天 20 分鐘寫出一篇關於創傷性事件的文章，透過寫下自身「過去的創傷」，表達對創傷最深刻的想法和感受，並且與另一組撰寫非情緒性主題文章的受測者進行了比較。隨著時間的推移，那些撰寫創傷性文章的人，被發現罹患的疾病變少，抑鬱症傾向的症狀也變少了。

這得出一個研究結論：富有表現力的寫作能增強免疫系統，這或許可以用來解釋受測者就診次數減少的原因。通過科學儀器測量，受測者在寫作前和寫作後 6 週，體內的淋巴細胞（淋巴球，lymphocyte）對外來有絲分裂原（Mitogen）、植物血凝素（Phytohemagglutinin，PHA）和刀豆蛋白 A（Concanavalin A，Con A）顯示的反應，發現淋巴細胞反應顯著增加，證明表達性寫作有益於增強身體的免疫能力。研究團隊也對 40 名被診斷患有重度抑鬱症的人進行研究。初步結果顯示，經常進行富有表現力的寫作有助於減輕抑鬱症的症狀。

此外，加州大學柏克萊分校的格蕾塔·沃爾默博士（Greta Vollmer）也認為：「寫作是一種非常有價值的工具，可以幫助學生獲得更深入、更豐富的自我洞察力。人們可以用自己的方式解決內心的問題，可以透過寫作來獲得內心的平靜，並增進自我理解。」

日本東京大學（The University of Tokyo，日語：東京大学／とうきょうだいがく）的研究團隊也曾對大學生

和應屆畢業生做過一項實驗，受試者被分成兩組，分別請他們透過紙筆書寫以及在電子平板或智慧型手機上打字做筆記，休息一段時間後，研究團隊再讓受試者回想一小時前得到的資訊。結果發現，拿起筆寫字的人較快回復記憶，且記憶清晰得多。

研究團隊也對受試者的大腦進行核磁共振（MRI）掃描，發現拿起筆寫字時大腦內會受到較多刺激，進而影響到大腦記憶中心「海馬迴」（Hippocampus）的運作。此項研究證實，相較於使用鍵盤、手機、語音等高科技產品打字方式來做記錄的人來說，拿起筆在紙上書寫的動作，更能促進大腦的活動。

● 不同的寫作類型，有不同的紓壓效果

寫作的好處多多，大致又可以分為以下幾種類型：

第一種：表達性寫作（Expressive writing）

表達性寫作最適合紓壓，關鍵在於放慢人們的思考速度。當我們有機會退後一步，重新評估我們生活中的問題，這種放慢思考速度的轉變，就有助於我們產生新的

方式去理解感受、面對壓力、思考解決方案，以及燃起正念與希望。

從 1980 年代開始，詹姆斯·W·彭內貝克博士記錄了表達性寫作的多項研究結果，發現練習寫作的人可能會經歷一些良好的生理上和心理上的變化，例如更強的免疫健康、更好的睡眠習慣、改善心理健康、調節血壓、減輕慢性病引起的疼痛、提高記憶力、促進放鬆和緩解壓力、引入新視角、發現事件或衝突關係的意義，幫助人們理解意外和難以想像的事件，化解內心衝突等諸多改善。

表達性寫作可增進自我意識，並逐漸減少憂鬱症、焦慮與壓力，因此時常被應用於心理治療。治療師會要求人們記錄一些讓他們備感壓力的事件以及相關的想法與感受，這樣富有表現力的寫作有助於人們重新評估悲傷或創傷的來源，並重新修正對這些生命歷程的認知。

當人們經歷那些壓力很大的事件或重大的人生轉變時，很容易反覆思量那段經歷，想來想去還會影響睡眠品質，分散工作與生活的注意力，讓人產生一種鬱鬱寡歡

的狀態。這是因爲大腦的功能之一是幫助我們理解生活中的事件,當面臨難解的問題時,大腦會一遍又一遍地重播相同的非建設性思維模式,我們就會陷入困境和迷惘,進而產生低潮和壓力的感覺。

然而,通過表達性寫作便有助於平靜內心,提升自我意識,將創傷置於情境中並組織想法,透過表達性寫作來重新構建敍事,自我緩解被壓抑的情緒。寫下悲傷和創傷有助於結束,告訴大腦它的工作已經完成,這種「關閉創傷」的大腦模式,可以幫助內心曾經受創的人們重新向前邁進,成爲自己生活故事的積極創造者,而不是被動等待事情發生卻無能爲力的消極承受者。

第二種:反思性寫作(Reflective writing)

這類型的寫作,需要描述眞實或模擬想像的場景、事件、互動、經過的想法或記憶,並對其意義進行個人反思。大多應用於需要增進學識或專業度訓練的情況,例如讓護士、醫生、老師、學者、諮詢師、業務等工作者進行反思性寫作,有助於他們更明確評估自己的信念和行動,進而促進學習,提高目標達成率。

在進行反思性寫作時，首先必須不斷問自己問題。例如：我發現了什麼？這對我有什麼影響？我可以做些什麼不同的改變？

接著，以不設限的方式去做分析，並將發生的事情與現實生活聯結起來，透過幫助他人的經驗與互動來提升自我意識、促進人際關係或是提高工作績效。

第三種：創意性寫作（Creative writing）

這是一種不必直白表達經歷，也能提升自我意識、促進心理健康的方式，讓人們透過天馬行空的想像，使用文字、隱喻等方式來表達內心的意涵。

例如透過創作詩詞歌賦、短中長篇小說、愛情故事、奇幻冒險故事、語錄等，或是其他創意形式來表達意境深遠或難以言喻的內容。在這種可能跳脫現實、自由自在、暢意書寫創作的過程中，往往能得到意想不到的慰藉與成就感。

第四種：抄寫性寫作（Copy writing）

這是一種很特別的寫作方式，看似不需要特別去動腦創

作，但卻深具紓壓效果。

請先試想，你有多久沒有拿筆好好練習寫字了？你還記得從幼稚園用小手開始練習拿筆，或是在國小時練習描字，認真寫下一筆一畫的感覺嗎？

如果你逐漸淡忘了「用心寫字」這件事，其實有點可惜，因為進步的文明，讓人們忽略了「寫字」其實也是上天賜與可以用來自我療癒的禮物。

隨著世界科技的發達與演進，現今許多人都可以用電腦觸碰、鍵盤、滑鼠、手機按鍵、智慧語音辨識、手寫輸入等高科技的方式，來完成傳遞文字訊息的效果，取代了許多需要拿筆寫字的機會。但回想小時候，剛開始學習寫字的時候，總是被要求須有正確的寫字姿勢，需要注意「頭正、身直、臂開、足安」，如此不僅有利於把字寫得端正，還有利於保護視力，促進身體正常發育。

抄寫本身就是鍛鍊寫字技巧的基礎，也是提升語文能力的基本方法之一，很多名言佳句、古文今用，都是抄寫並學以致用的產物。

抄寫也能培養我們的定力。一個人能夠集中精神、全神貫注一個字一個字地將特定的文章字句抄寫下來，心自然就能靜下來，除了可以增強記憶、加深理解、改善字跡，也能訓練自己比較不容易爲外界所動搖，也較能屏除種種雜念，以達到心無旁鶩之境界。利用抄寫練習，讓心態常保沉穩，提高修養，進而促使在做人做事方面，比較能心平氣和去看待人事物，有益身心健康。

同時，抄寫本身還是累積內涵的一種好方法，經常抄寫經典，不但可以吸收到字句中的營養與精華，藉以提高自己的寫作能力，更可以從古今名人的智慧語錄中，陶冶你的情操，鍛鍊人的意志，起到修身養性的作用。

文字具有能量，也具有磁場。當你重複抄寫一些能療癒心靈的字句，自然能讓焦慮感和恐懼感在無形之中得到舒緩。建議你，可以針對自己想要改善的現況，或是想要加強的部分，摘錄一些用來改變自己思想和信念的句子。

例如當生活沒有方向，想要認份地把每天該做的事情做好，可以抄寫英國作家－羅斯金說過的：「生活沒有目

標，猶如航海沒有羅盤」這句話來督促自己。

又例如當碰到人際關係上的不如意，可以抄寫羅馬帝國皇帝－克勞迪烏斯曾說的：「每個人都是自己命運的建築師」這句話來激勵自己。」

再例如，生病時，因為情緒對生理和心理的影響很大，但康復之期不知在何日何時，為了不讓自己沮喪、焦慮，可以抄寫愛默生說過的：「請銘記在心，每一天都是一年之中最美好的日子。」這段文字來溫暖自己。

世人難免經歷挫折與考驗，一旦發現情緒卡關時，不妨可以考慮透過抄寫來找回寧靜與喜悅，從寫下一個字一個字開始轉念，用「平心、靜氣」轉煩惱為智慧。就算是簡潔的文字，也能充滿生命力和正能量，對於忙碌的現代人而言，抄寫算是一個快速、簡易、有效的打掃自我心靈與整合內在的方法。

總之，在寫作紓壓的過程中，當還沒有文思創作的靈感之前，請別給自己任何壓力，想到什麼就寫什麼也無妨，或是從寫日記開始養成寫作紓壓的習慣，也不失為

一個好方法喔！

也可以選擇從最簡易的「抄寫」方式著手，既可以透過書寫紓壓，又能在名言金句中找到新的啟發。讓我們透過書寫文字，重新回復到放鬆、自在與平靜的狀態吧！

盡情去發想吧！文思泉湧之際，你會忘記什麼叫做壓力。

烹飪紓壓

老一輩的廚師，從事烹飪大多為了學得一技之長，為了生存而拚搏。而現代人生活水平提高，烹飪不再只是謀生的手段或廚師的專利，為了興趣、為了滿足自我而下廚的大有人在。然而你知道嗎，烹飪的好處多多，其中之一就是可以紓壓解鬱。

本篇將要來探討一下，烹飪為什麼可以紓壓？對促進人體健康可以帶來什麼幫助呢？

● 感受料理過程的解壓魅力

你還記得第一次學習烹飪是什麼時候嗎？

你有多久沒有下廚做飯菜了呢？

食物沒有一定的味道，烹調沒有一定的方法，只要有合品嚐者的口味，就是對味，也因此才成就了料理求創新的真理，造就了烹飪世界的博大精深。

西漢司馬遷曾說：「民以食為天」，食物對人的重要性亙古不變。

精神病學家－卡羅爾·利伯曼（Carole Lieberman）醫生也說過：「烹飪讓人感覺良好，因為這是他們養育他人的一種方式。」當你為自己用心烹飪食物，或是款待親朋好友，為他們細心做料理，看到孩子或親友們臉上洋溢著愉悅的笑容，那份油然而生的幸福感和滿足感不可言喻，尤其當他們口中說出「好吃」這兩個字時，那份達到高峰的喜悅感，正是能讓自己內心得到放鬆與療癒的泉源。

《紐約客》雜誌的編輯兼業餘美食廚師—比爾・布福德（Bill Buford）在其著作《熱度》（Heat）中有提到：「烹飪最終是在分享文化體驗，家人和團體可以通過烹飪和飲食來做交流與增進和諧。在餐桌上，文化與交流，創意與情感得以催生。」

烹飪具有利他主義的一面，就發生在當你為別人做料理的時候。因為關心他人或是給予他人，永遠有助於充實內心。不僅是準備烹飪時那份構思與期待，可以讓你感覺良好，而且培養和關心他人的感覺也會提升你的幸福感，進而緩解負面的情緒。這種關懷和培育的態度增加了食物的味道，特別是當人們衷心欣賞和享受你所做的美食的時候；因為烹飪具有可以讓你或是他人立即獲得滿足感的特性。當你因為提供他人美味的食物而獲得讚賞時，你的自信心能跟著提高，也可為你的人際互動關係帶來正面效益。

● 讓烹飪藝術療法改善身心狀況

烹飪不只限於提供食物的目的而已，還可以應用於治療。

「烹飪藝術療法」（culinary arts therapy）就是一種以「食物代替藥物」來治療心理疾病的方法，從準備食材開始到成品完成吞下肚子的過程，都屬於療程的一部分。烹飪療法被廣泛用於改善各種心理和生理的健康狀況，有助於緩解焦慮、憂鬱及躁鬱、飲食失調、失眠、自閉症、傷心失意、壓力症候群以及其他精神相關疾病的症狀。

《華爾街日報 The Wall Street Journal》就曾經報導：「心理學家認為烹飪具有治療作用，因為它們適合一種稱為『行為激活』的療法，通過『增加目標導向的行為和抑制拖延』可以緩解抑鬱症。」

「烹飪可以讓人們專注於一項任務，賦予他們一種權力感和控制感，這是他們在廚房外的日常生活中可能不會自然擁有的。透過專注於遵循食譜的方法來進行烹飪，也可以緩解壓力、建立自信和抑制消極思維。」

加州大學（University of California）洛杉磯分校焦慮症診所副主任、同時也是臨床心理學家—特雷弗·施勞夫納格爾（Trevor Schraufnagel）也曾提到：「烹

飪需要感官參與，因此可以促進大腦運作活動，也是提高正念的方法之一。正念的產生通常需要在當下努力專注於一件事，而烹飪的過程便能讓注意力集中在感官上，例如油爆裂聲、醬汁的調味、還有各類烹飪步驟（像是煎、炒、燜、炸、涮、煮、滷、烤、醃、拌、燒等）所需的技巧，以及產生的聲音及氣味等，對於嗅覺、視覺、聽覺、味覺、觸覺均能造成刺激。幾項研究表明，基於正念的練習可以在治療焦慮方面發揮作用。」

特雷弗·施勞夫納格爾（Trevor Schraufnagel）還說過：「烹飪可以讓身歷其境的人們從中得到喘息的機會，讓人們轉移注意力。就算只有 45 分鐘也沒關係，至少在這個過程中，你生活中的焦慮感和緊張感已經被深深地吞沒了，你混亂的思緒也得以從烹飪過程中得到舒緩。」

健康作家－琳達·沃斯默·安德魯斯（Linda Wasmer Andrews）也提到：「當你以烹飪這種方式專注於當下時，你就不會沉思過去的苦痛或擔心未來的問題，因此將有助於減輕壓力並促進對生活產生更大的興趣。」

著名名廚和《美味生活的秘訣》一書的作者－齊波拉・埃納夫（Zipora Einav）也認爲：「烹飪是一種綜合性的冥想練習，在做飯的時候，你會在場並且集中注意力確保食物的美味，這時候你的心是不會飄走的，烹飪後也會以美好的食物來作爲獎勵。」

有過烹飪經驗的人會知道，從決定吃什麼、到決定煮什麼、到最後上菜，這中間也是一場了解自己和他人的過程，需要費心去構想與設計菜單。從一開始的挑選食材、準備食材、烹煮時斟酌調味、監控烹調細節、到最後完成成品，這一連串的過程都需要提高精神力。而當你專注於烹飪時，可以清除大腦中大多無意義的想法，滋養你的心理健康。

在忙碌的現代化社會中，總是出現各種能挑動壓力神經的事件，例如辦公室未完成的工作、工作量太大導致大腦沒有新鮮的想法、各種人際關係之間的衝突、自我想法的糾結，或是生活中離不開的討厭環境等，都會增加精神壓力。而烹飪便能有助於分散你對這些壓力源的想法與注意力，至少可以暫時遠離這些不太愉快的想法，

對於紓壓是很有效果的。

在美國，一些心理健康專家已經應用烹飪療法來對抗一系列的精神障礙問題。他們認為，與烹飪相關的活動，對一些患有慢性精神障礙的人很有用，雖然不一定能治癒精神疾病，但對任何需要提升正面情緒和精神的人來說，都可以從創造性的烹飪活動中受益。

在進行烹飪療法的過程中，「烹飪藝術治療師」便是擔任設計與陪伴整個烹飪過程的重要角色。他們會根據每個人的心理健康程度來客製化專屬的治療食譜。食譜的難易度可深可淺，參與治療的對象也不限制人數，從一個人到一群人，都可以透過烹飪來增進情感交流。這些烹飪藝術治療師的主要任務，便是讓壓力較大的現代人，在廚房裡用食物找回快樂。

對許多人而言，煮飯做菜似乎是一件再平凡不過的家務，但是烹飪後可以讓人心滿意足、紓壓於無形之中，卻是容易被忽略的好處。

美國的烹飪藝術治療師－茱莉歐哈娜（Julie Ohana）

表示：「在家做飯是一種非常有效的放鬆和紓壓方式，若我們可以養成做料理的習慣，那麼每當進行烹飪時，大腦便會開始切換到居家模式，藉此達到心理分離（Psychological detachment，或稱心理抽離）的效果，令人感覺完全離開了工作。除了能提高生活滿意度，也可改善家庭關係、減少心理壓力，並在隔天更積極地工作。」

● 減壓之餘還能發揮創造力

一項發表在《積極心理學雜誌》（The Journal of Positive Psychology）的研究報告也指出：「烹飪能讓人們在第二天的工作中更增添熱情。由於烹飪使人產生成就感，會連帶增強自信心，這種力量也會在其他活動中傳播，進而提高他們在各項活動中的積極度和情緒樂觀的程度。」

艾倫·坎納（Ellen Kanner）是首本年度圖書精選獲評爲"年度最佳圖書"的獲獎作者，他在《餵養飢餓的鬼魂：生活、信仰和晚餐吃什麼》（Feeding the Hungry

Ghost: Life, Faith and What to Eat for Dinner）這本書中有提到：「準備一頓飯與我一天中所做的任何事情都不一樣，這是一種生命滋養和集中注意力的行為，可以讓我放慢腳步，讓我深感在廚房烹飪的時間具有療癒的力量。」

《沉迷於壓力（Addicted to Stress）》一書的作者－黛比·曼德爾 （Debbie Mandel）是位壓力管理專家、作家、電台節目主持人，同時也是位勵志演說家。他曾說：「每個人的內心都存在著一種強大的能力，可以自行管理壓力和選擇樂觀。雖然壓力會使你的感官麻木，但烹飪會激活麻木的感官；因為烹飪可以帶來香氣、味道、觸覺、視覺等各種感官的體驗，是一種創造性的發洩方式，也是一種很好的減壓方式。」

此外，有越來越多的心理學研究報告指出：「創造力與情緒功能有關」。創造力，在某種程度上能實現個人成長，而烹飪除了能激活大腦創造力，還能帶來平靜、專注、幸福、自信等感受，讓你不再糾結於一些事情。也有研究顯示，從事烹飪小型創意項目的人，在日常生活

中會感覺更輕鬆、更快樂。尤其一連串的烹飪活動結束後，還有美食可以一飽口腹之慾，讓人身心都得到滿足，所以有越來越多的人喜歡在心情低落時，選擇用烹飪來紓壓。

有些從事繁雜又工作量大，或是經常需做出複雜決策和工作時間長的人，通常在回家之後更希望得到放鬆，比較不願意去動腦思考工作以外的事情。這時不妨放鬆思緒，不須再去構想菜單，只要拿出過去蒐集或已經找好的食譜，為自己或是他人按照食譜步驟做菜，將自己的心思從當天的壓力中抽離，也能有效轉化情緒和紓緩緊繃感喔！

現在人生活緊張壓力大，不少人下班後為求方便習慣外食，或是攜帶外食回家簡單解決掉一餐，就算是全職的家庭主婦，也免不了要為家務忙。若能改變一下心態與習慣，別把烹飪當成累人的例行公事，而是當作放鬆方式之一，挑選食材時想作是逛街購物，準備食材時當作是手腳及腦部運動，切菜時留意一下砧板上發出的平穩節奏，把心平靜下來，專注在每一個烹飪步驟，用心感

受所有的烹飪活動，都將有助於激活你的感官，激發你的創造力，減輕心理的壓力。完成之後再來好好享受自創的美味餐點，藉以撫慰自己疲累的靈魂，或讓共同用餐者透過品嚐你的每道佳餚來感受你滿滿的愛。當你因此壓力慢慢消失時，身心輕盈的感覺再美好不過了。

不論你是想為自己還是為別人做料理，請多多嘗試下廚吧！

:∞: 讓你做的每一道新菜，為自己注入新的能量。
讓自己成為自己的心情治療師，用烹飪來療癒自己吧！

植栽紓壓

只要你離不開氧氣，你的生活圈就不該離植物太遠。

在這個講求綠化的時代，植栽活動不只是爲了做環保、改善生態、調節氣候、防治污染、美化環境、淨化空氣，還可以提高人們生活的素質，並爲身心靈帶來療癒的作用。

本篇將要探討植物在人身體健康促進方面，具有什麼樣的好處？

以及如何透過園藝、植栽等活動，來達到紓壓解鬱的效果呢？

● 體驗園藝活動擺脫世俗塵囂

英國詩人－拜倫曾說：「我不是不愛人類，而是更愛大自然。」

古希臘哲學家－亞里斯多德也說：「大自然的每一個領域都是美妙絕倫的。」

說到大自然，最容易讓人聯想到的就是陽光、空氣和水。其中所指的空氣，有超過 3/4 的成分就是氧氣，而氧氣的主要來源就是靠植物進行光合作用釋放出來的。我們都知道，人的生存離不開氧氣，因此植物可說是生命之源，也是地球的肺。

現代化高科技的發展，導致現代人生活節奏加快，人們在室內工作的時間越來越長，使得室內的空氣污染和沉重的職場壓力引發了各種生理和心理上的疾病。如果能讓植物與人共享室內空間，不僅有利於環境品質的改善，也能促進室內工作者的身心健康。因為綠色是種令人感到穩重和舒適的色彩，能有助於鎮靜神經、降低眼壓，也是種令人感到穩重及平和的顏色。

據研究，在所有色彩當中，綠色在人類的視野中只要佔據 25％ 就能有助於消除眼睛的生理疲勞，對於人們放鬆精神和調節心理來說是最為適宜的顏色。而室內最美麗的綠色妝點，要屬植物名列第一了。綠色植物不僅能吸收對眼睛有害的紫外線，同時還能減少強光對眼睛所產生的刺激。尤其在緊張的環境或長時間工作後，多觀看綠色植物不只能降低眼睛的疲勞，也可以緩解焦躁、穩定情緒，使人心情舒暢。

● 啟動園藝治療的生活，綠化我們的心

有研究已經證實，自然景觀可以安撫人的情緒。目前美國、日本等國已開始推廣所謂的「園藝治療」，利用一連串與植物互動的關係，例如維護、栽種、美化等，在植栽過程中投注希望、期待，可提升專注力、穩定情緒、緩解壓力。

國內外針對植物對人產生的影響，有非常多的研究與論文報導。與許多其他形式的自然療法一樣，治療性的植物活動有著悠久的歷史。

將植物活動和園藝作爲治癒和對抗壓力的一種方式，可以追溯到公元前 2000 年，在美索不達米亞就已懂得利用植物活動和園藝來平靜感官。公元前 500 年，古波斯人創造了美麗、香氣、流水三者一體的花園，主要目的是撫慰和平靜那些有不幸體驗的人們。而後直到古埃及時代，園藝療法已被廣泛認爲是一種有效的治療形式。那時，已經有醫生在爲一些罹患心理健康問題的患者開出了「在花園裡散步」的處方。直到今日，已有許多治療師會對那些處在壓力、抑鬱、從手術或其他創傷中恢復過來的人們推薦植物活動和園藝療法。

美國在 1973 年成立了「美國園藝治療協會（American Horticultural Therapy Association，AHTA）」做爲一個非營利組織，目的是讓「園藝治療」成爲一種獨特且充滿活力的人類生命服務計劃。

美國園藝治療協會也是美國唯一一個專注於促進園藝治療項目發展與推廣植物活動和園藝治療的組織，主張人類能透過植物來撫平情緒、緩解壓力、得到心靈的慰藉。

於西元 1800 年，出現了第一個驗證園藝療法可被應用於心理健康治療的文獻。美國精神病學之父一本傑明‧拉什博士（Benjamin Rush）是第一個提出「在農場環境中的田間勞動，有助於患有精神疾病者取得積極治療成果」的人，此項重大發現，促進了西方國家的許多醫院開始使用植物活動和園藝療法，作爲治療精神疾病患者的一種方式。

所謂「園藝療法」（Horticultural Therapy），是在治療師的協助下，參與園藝和植物活動，以實現特定的治療目標。透過與植物的直接接觸，來引導一個人的注意力遠離壓力，進而提高參與者的生活品質。

園藝療法的目標和類型因使用園藝療法的設施而異，從學校、療養院到監獄等機構，都有利用園藝療法來滿足治療需求的案例。每一個設施都有不同類型的園藝療法，及獨特的治療形式。

從根本上來說，園藝療法的規畫可以分爲「職業性、治療性和社交性」三種類型。其中，「治療性園藝療法」所圍繞的核心信念就是「自然界中具有恢復力」。透過重複

性的活動（例如挖掘泥土和澆水），來觀察植物的生長變化，並將植物生命週期與人類生活聯繫起來，以達到治療或促進健康的效果。從開始播種到植物長成的一連串過程中，可以激發栽種者的興趣，增強他們的耐心、愛心與信心，並增加對園藝活動的熱情。

據研究結果發現，從觀察植物到親身參與園藝活動的程度，與研究者的健康促進狀態呈現顯著的正相關，例如減少抑鬱和焦慮症狀、紓緩壓力、降低情緒障礙，以及明顯提高了生活質量、社交意識、身體素質活動水平和認知功能。

在英國，由克里斯·安德希爾（Chris Underhill）創立於 1979 年的領先慈善機構 Thrive（前身為 Horticulture Therapy），也有使用園藝栽植活動，來幫助那些健康不佳和生活受到殘疾影響的人們提高生活品質。

Thrive 表示，植物活動和園藝是一種非常靈活的媒介，可以改變生活，也可以改善身心健康。通過植栽可以活動筋骨、強化肌肉、改善身體整體的活動能力，還能增

加參與者的目標感和成就感，減少孤立或被排斥的感覺。

此外，植物活動還可以幫助人從各種疾病中恢復過來。例如當患有退行性疾病時，植物活動還可以幫助減緩惡化。或是幫助在生病或生活中遇到困難的人，重新找回對生活的希望與方向。

在 Thrive 伯明翰中心服務多年的園藝治療師兼心理健康護士－勞拉・希利爾（Laura Hillier）曾表示：「隨著年齡的增長，我越來越意識到從植物活動到大自然的戶外活動，都會促進我們的身心健康。」

還有另一個成立於 1970 年的英國慈善機構「保護志願者聯盟（The Conservation Volunteers，TCV）」，在 1988 年發起種植百萬棵樹木的活動，並只用了 3 年就達到了這個目標。TCV 主張：人類的生活應與綠色空間聯繫起來，呼籲人們應該聯合起來，共同來創造、改善和關愛綠色空間，因為綠色空間與人的健康和快樂有很大的關聯。

在 TCV 服務多年的一名志願者曾說：「植物活動和花園會讓你放慢腳步，讓你進入平靜又寧靜的當下。當你患有抑鬱症時，很難想像未來在哪裡，但植物活動和園藝意味著你在替未來做計劃，並看得到結果，能讓心理得到慰藉。」

此外，在香港成立於 1954 年的「心靈綠洲（Serene Oasis）」，是一個以植物活動及綠色生活作為輔助自然療法的花園。其主要目標是改善患有癡呆症和抑鬱症等精神疾病患者的狀況。由於香港年長者罹患抑鬱症的比例一直在上升，因此心靈綠洲著力於推廣多元化的植物活動及相關治療服務，以應對人們日益惡化的心理健康問題。

心靈綠洲塑造出大自然的環境，用來提升參與者的感官體驗，期望參與者能夠透過沉浸在大自然的過程中獲得平靜和舒適的感覺。

例如，透過涓涓細流的聲音呈現出流水般的聽覺體驗；種植香草時散佈出的清香流入肺中，可刺激觸覺和嗅覺；用百香果等植物來刺激嗅覺和味覺等，這些植栽活動都

有益於平和情緒，紓緩壓力、焦慮和緊張感，使人內心
回歸寧靜。

● 以植栽綠化環境讓身心獲得紓緩

以上，介紹了不少與園藝療法相關的研究及結論，但其
實只要多多親近綠色植物就能帶來療癒身心的力量。有
「醫學之父」之稱的古希臘醫生－希波克拉底曾說：「大
自然治病，醫生只是助手。」

我們並不是只能透過專業的園藝療法才能坐享紓壓放鬆
的療效，只要讓身邊的環境充滿綠意與植物，一樣有促
進健康的效果喔！

據美國北佛羅里達大學（University of North
Florida，UNF）的研究發現，有 25% 女性每天會自發
多次不同層面的壓力。然而不論是花卉盆栽或是草木植
物，即使只有和這些自然植物共存短短生活幾天，仍會
有顯著減緩壓力的效果。

這份研究進行了連續 12 天的線上壓力調查，並於研究

前後均有使用壓力知覺量表來對受測者進行施測。結果發現，受測期間有與花卉植物共存生活的人，壓力水平有顯著的下降，情緒也獲得改善。

人類與自然有著密切的聯繫，將自然世界融入室內空間可以增加人們與自然接觸的頻率，進而有益於提升人的健康水平與生活品質。由於許多人的時光大多是在室內度過，因此室內環境對人心理健康的影響是很大的。種植自己喜歡的植物也會產生令人難以置信的回報，能以更溫和、更簡單的方式來幫助緩解壓力、緊張和焦慮，還會促使人產生正能量的正向思維。

植物是天然的環境調節器，能讓人們的生活變得更美好。只要你願意每天花點時間在自己的小空間進行植物活動，便能輕鬆擁有養眼又舒心的效果。坊間充斥著各式各樣、有大有小、現成的天然植栽商品，或是各類花草蔬果的天然種子可供選購。各類花器、植栽容器、栽種工具、肥料等植栽相關商品琳瑯滿目，只差你的一顆心與行動力，隨時都可以開始進行植栽活動。

綠化環境的佈置，也許可以從一個簡單的想法開始，比

如放一盆小小植株在窗邊增添綠意；或在工作環境中放些可以吸收負離子、淨化室內空氣的景觀植物；也可以在工作檯或書桌上放一些具有招財招福等自己喜歡、別具意義的小盆栽為自己加油打氣一下；也能在家中的角落、庭院或陽台佈置個小空間作為園藝創意的展示空間。不論是什麼形式，只要自己喜歡，都能賞心悅目，這些不會說話的小生命一樣能讓生活增添綠意與情趣，為你的身心靈帶來美麗的生機。

多多嘗試讓自己"感覺"像是身處在自然的環境中，即使是簡單的事情，也可以有不簡單的療癒效果唷！例如平靜地一邊喝著熱茶，一邊觀賞植物放空一下，讓綠色緩解眼睛的疲勞，讓綠意來驅趕心靈的疲勞。

或是穿上舒適的衣服，在細心照料植物的過程中，看看它們長大了多少？又長出幾片綠葉？花苞開了沒？從中培養自己的耐性與觀察力，讓自己細細品味一下慢活的感覺，藉以忘卻塵囂的刺激。

● 適合放置於室內的綠意植物

除此之外，如果你的工作環境是在室內，植栽活動更是你不可或缺的健康小助手。

英國艾希特大學研究發現，在工作場所栽種植物，有助於提升 15% 的生產力。澳洲也有研究證實，植物能幫助減少 37% 因職場造成的緊張感及焦慮感。相反的，在沒有植物環境下工作的人容易增加 20% ～ 40% 的壓力及消極情緒。

由此可見，植物對工作環境的重要性不容小覷。這裡就推薦幾種最容易栽種且適合放在辦公室的植物以供參考：

推薦一：黃金葛

一般想到辦公室植物一定很容易聯想到黃金葛，既可土種亦可水培，喜歡潮濕，耐濕且耐旱。愛心型的葉片，光看到就讓人舒心，不太需要充足的陽光，只需要一般日光燈照，葉片顏色仍然能富有光澤。若是懶人或新手起步可以直接水耕，遇水卽活，非常容易栽種。

推薦二：發財樹（金錢樹）

外觀就像一串串的錢幣，所以又有招財進寶的吉祥寓意，不只能綠化環境，還能淨化室內空氣，一舉數得，辦公室或是新店開幕常常可以看到金錢樹的身影。可以在低光照環境下生長，有曬太陽長得快，沒曬太陽慢慢長，大約一到兩週澆水即可，一年四季都非常翠綠茂盛。

推薦三：富貴竹（開運竹）

同樣也是辦公室或是新店開幕常常可見的植物寵兒，象徵財運、吉祥、幸福，而且生命力極強，可以水培也可以土植，是新手就能上手的植物，只要放在辦公室內通風有散射光線處即可。

以上只是略舉一二以供參考，植物的種類實在不勝枚舉，各有各的功用，各有各的好，各有各的美。只怕你不入手，不怕你入手後再也離不開！為了愛地球，也為了愛自己，讓我們多多善用栽種花草樹木來美化綠化自己的生活環境，同時也透過植栽紓壓來讓心靈更優化吧！

植物美化的不只是環境，還有關注它們的每一顆心！

療癒小物紓壓

世界衛生組織早已預測，全世界將有 1/4 的人，都會在一生中某個時期遭受精神性或神經性疾病的困擾。僅次於心臟病和癌症，精神疾病（Mental disorders）已經成為全球人類第三大的疾病，我們可以做些什麼事來增強心靈的抵抗力，遠離精神病魔的威脅呢？

要如何挑選一些外在的小東西成為我們的「精神守護者」，來為我們的心靈注入能量，起到紓緩壓力、激發活力的效果呢？

本篇想來探究關於「療癒小物」可以為你在健康促進上，帶來什麼樣的影響力。

● 對穩定身心很可靠的療癒小物

先來介紹「療癒」一詞，作爲動詞解釋爲治癒，是指讓罹患疾病或受傷的生物恢復健康的過程。在精神病學及心理學中，「療癒」是指幫助對象從負面情緒中脫離，或是使精神類疾病對對象的影響減緩或消除。因此，「療癒」一詞具有醫治疾病，或是使心理精神層面的需求獲得滿足的意思。

「療癒」一詞的概念是由日本傳到台灣。在日本，「療癒」一詞主要是源自日文「癒し」這個字，有「解除痛苦、復原傷痛」之意，中文翻譯爲「療傷、治療癒合心靈、讓心情獲得撫慰」。

而在英文多用「healing」來表示「康復、痊癒」，或是「具有治療作用的、康復中的、治癒的、日見好轉」等意思，和療癒原本的含義不盡相同。

現今，「療癒」這個詞已衍生出許多種用法，也有人用許多詞彙，例如平靜、溫暖、希望、救贖、美好、治癒、舒暢、愛、可愛、陽光、溫暖、悠閒、和平、放鬆、宣洩、平易近人、小確幸、善良與信任等，來表示另一種療癒的概念。

爲了使那些積存壓力、有憂鬱情緒傾向、沉浸在過度緊張等負面情緒、以及處在慢性心理疲勞的人們，能在短時間或稍長時間內減輕壓力、紓緩情緒，而爲此目的而生的產物，被稱爲「療癒小物」或「療癒商品」（Healing accessories）。

舉凡文具、文創商品、盆栽、生活日用品、裝飾品或公仔等各式各樣的東西，都可以成爲療癒小物，只要在設計上具有特別的巧思與涵義，不論是透過嗅覺、聽覺、觸覺、視覺等何種方式著手呈現，都可以使人在充斥壓力的生活狀況下，激發出舒適、愉悅、放鬆等心理感受，進而讓身心得到撫慰的效果。

療癒小物存在的目的，在於讓使用者從接觸中得到休息、釋放、紓壓、娛樂等效果，目前有越來越流行的趨勢。

● 全球最有知名度與效果的療癒小物

由於全球科技快速發展，各類通訊軟體變得十分快速與
方便，雖然加速了人與人之間的溝通方式與速度，可是
人們卻必須面臨更大的挑戰，生活也不再像早期通訊不
便時那樣單純。有時候，下了班還是容易收到老闆的指
令，或是客戶的需求隨時都可能來報到，許多人的加班
戰場已經從公司轉移到住家，朝九晚五的規律生活難以
復見，讓工作與生活變得像是一個巨大的高壓鍋，逼得
在裡頭求生存的人們越來越喘不過氣，人們為了適應社
會潛規則，在無形中產生更多的壓力因子；例如對於工
作的疲勞倦怠感、沮喪挫折感、人際關係衝突、失業危
機、社會動盪和超時工作等，進而引發疾病上身，造成
工作生產力下滑、生活水平下降，進入惡性循環。

許多國際化的公司開始重視這個問題，而且有意願多投
入心力來改善員工的工作環境品質。因此，已經有越來
越多公司同意給予員工適當的休息時間，並將小娛樂和
療癒小物引進工作環境，以期幫助員工緩解壓力、提升
正面情緒，進而有益於增加工作效率。

美國認知科學暨設計領域的著名學者—唐納德·諾曼（Donald Arthur Norman）曾經提出，情感系統能幫助人在好和壞之間迅速做出選擇，減少思考事物的負擔，從而在決策上提供重要的幫助。因此，當一個人在焦慮、緊張、壓力大時的想法，與快樂、愉悅、興奮時產生的想法是有所差異的。焦慮、緊張、壓力大時，會使人專注在問題上，若事情進展不順利，便容易繼續鑽牛角尖、迷惘徬徨或是重蹈覆轍。相反的，假如是處在快樂、愉悅、正面情緒下，人的思考邏輯就會變得比較有創造力，而且較能抵抗外界的干擾。因此，經由正向的情感體驗來讓心理需求得到滿足，不僅有助於壓力的紓緩，也能提升生活及工作的品質與效能。所以就人們對於療癒小物的需求而言，已不再只有單純功能性或者美觀上的考量，產品本身也不再只是一個紓壓工具而已，還能成為人類表達情感的媒介之一。

此外，療癒小物也發展出很多不同的形式，讓許多產品除了本身具備的原有功能之外，同時還具有治療疾病的作用。

這裡介紹一個著名的例子。在日本由一家名為 Takanori Shibata 的公司研發出一只獲得金氏世界記錄認定為「全球最具療癒功能」的機械小海豹「帕羅」（PARO）。「帕羅」具備視覺、觸覺、聽覺和運動功能，能感測光線的變化，還會執行撫摸、擁抱或敲打等動作。當它受到擁抱會開心地搖頭擺尾，若遭受敲打則會發怒鳴聲，肢體動作及表情豐富，像極了真的小海豹。除了可以理解簡單詞彙外，「帕羅」還能透過與人類的互動，根據主人的喜好改變反應模式。

自 2001 年起，在日本、英國、韓國、汶萊、義大利、瑞典等六國的多間療養院或醫院進行的療效實驗中，「帕羅」皆獲得高度評價，證明對銀髮族或患者而言，確實具有紓緩壓力以及活化腦機能的功用。在 2003 年也曾被歐洲和日本用來當作治療工具與「寵物替代品」，幫助患者減少壓力和侵略性，還可以使人放鬆、協助情感交流。

日本產業技術綜合研究所自 2004 年秋天起，利用「帕羅」對高齡療養院裡的老人進行「機械療法」實驗。療養院中

因年老病痛、孤獨寂寞而喪失生存意志的銀髮族，和「帕羅」朝夕相處後，不但逐漸敞開心門，連生理症狀都隨之改善。

藉由這個例子我們可以發現，療癒系商品具有轉移情感的力量，人們能夠藉其撫慰身心、紓緩負面情緒。「療傷性消費需求」賦予了療癒小物嶄新的意義，也有國外心理學家分析這些療癒小物其實也象徵出使用者的心情與內心的自我期許。人們透過療癒小物本身以及和商品之間的互動，可以引發使用者的正面情緒效能，使「療癒小物」成為挽救憂鬱心情和情緒危機的另類法寶。

◉ 如何選擇適合自己的療癒小物

在生活壓力越來越大的環境趨勢下，別具意義及巧思的小盆栽、小玩偶等療癒小物愈來愈受歡迎，超商集點活動也紛紛主打療癒系卡通人物，不少業者也走起療癒系的路線，在在顯示人們對於能滿足情感、紓解壓力，或是帶來交流互動的療癒小物之需求正在節節攀升。然而，療癒小物五花八門，選擇性眾多，該如何下手呢？

首先，當你想選擇屬於自己的「精神守護者」時，請別忽略「直覺」帶給你的暗示。因為直覺常常反應著你潛意識，為了照顧自己，選擇能使得自己變得愉悅、並藉由心靈上的滿足感來達到提振情緒、減輕外在壓力的療癒系商品時，你需要更關注於情感層面的連結。

選購前不妨思考一下，什麼樣的商品能讓你感受到正能量、高興、愉快、舒服、親和、好感或受到激勵？什麼樣的東西能讓你產生新鮮感、趣味，並不自覺有著想擁有它的慾望？

當你產生這種需求與感覺時，不妨好好抓住機會去擁有它吧！代表那個療癒小物對你的潛意識有所連結，或許是因為它具備你所喜歡的色彩、形狀、觸感、意義、過往回憶等要素，不論是什麼原因，只要能帶給你正面的感受，都值得把它留在你身邊或放置在時常接觸得到的環境下，讓它重複帶給你或提供你正面的感受刺激。

此外，在療癒小物的造型選擇方面，其實也存在著不小的學問。療癒小物的設計，大多會用圓形或圓滑的弧度作為基底，因為順暢圓滑的曲線能夠讓人覺得有趣、好

玩，進而產生好感。反應在情緒與人際互動上，也比較能帶給人溫和的形象。但相反的，如果期許自己能多一些動力、競爭力、活力、積極力，不妨選擇用三角形、方形等有菱有角的形狀作爲設計基底的療癒小物，好幫助自己激發動力、產生對抗壓力的勇氣。

療癒小物目前主流的圖案主題可分爲人物、動物、植物、食物、昆蟲等五大類。在實物的立體外觀上也有衆多不同的成形商品，這裡簡單列出幾種常見的療癒小物類型：

第一種：仿眞或眞實植物類
可以在自己有限的生活環境，規劃個可以進行園藝或養個小盆栽的空間，可以爲這些植栽澆水、施肥、照料或是靜靜的看著發呆也好，就像在照顧寵物一樣，非常療癒。

第二種：觀賞放置或實用類
這類的小物非常多樣化，常看到的有公仔、可愛陶瓷、杯緣子、特殊外型圖案的杯子、各類可觀賞又可用的文具、扭蛋等。你可以當作是自己心理狀態在現實中所產

生的一種希望投射。舉例來說，鋼鐵人、雷神索爾、神力女超人有著不畏困難、打擊邪惡勢力的英雄形象，當你期許自己可以更有力量時可以考慮選擇相關的商品做為裝飾小物。

又或是航海王的主角魯夫有著自由追夢、無拘無束、重視朋友的特質，也有種讓人可以在壓力中解放自我的意味，如果你認同或欣賞這些特質時，也可以把它擺放在你容易注意到的地方，提醒自己也要這麼豁達樂觀喔！

你可以盡情地把自己的想法、希望或目標投射到療癒小物上，透過它們象徵的意義，來獲得心理上的陪伴、支持或動力。

第三種：觸覺類

這類的小物也是非常多樣化，主要是讓人們能實際去觸碰揉捏的小物、玩偶或是填充公仔，可用來轉移注意力，提升專注力，紓緩情緒，以及釋放壓力；例如捏爆泡泡紙就是不錯的選擇。這類小物的療癒機制比較著重在互動性上，儘管互動的方式不同，甚至有時可能不是實際行動上的互動，而是心靈上的感受或想像，不論

哪種形式，一樣能透過觸動覺知的刺激來達到療癒的效果。

此外，療癒小物的色彩，也能給人帶來不同的影響效果。

法伯比倫（F.Birren）是美國作家和色彩理論顧問，在其著作《色彩心理學與色彩治療法》（Color Psychology And Color Therapy）中有提到：大部分的療癒色彩偏向「溫暖、柔和」與「爽朗、清新」。許多研究資料也顯示「淺、淡、淺灰色調，明度高、彩度低」的色彩，容易產生靜和軟的色彩意象，且藉由這樣的配色，表現出清新柔潤的視覺感受，屬於不刺激的用色配置，與療傷系玩具之定義相吻合。

美國發育生物學家－布魯斯·利普頓（Bruce Harold Lipton）的研究指出，超過 95% 的疾病是因為體內自律神經系統的壓力而產生。

根據位於亞特蘭大的疾病管制局、史丹佛大學醫學院、和數不清的健康專家們都曾提出一致的看法，那就是

「在這地球上第一名的殺手就是壓力」。而且大部分身體和非身體的健康問題都有長期、生理性的壓力作為其源頭。因此,當你產生健康問題時,首先應該要問問自己:「什麼樣的壓力導致了這個結果?我能如何消除呢?」

「為了療癒自己,可能需要花多少錢與心力呢?」這個問題,可能也會帶給不少人困擾。就消費心理學的角度來說,現今人們普遍背負著沉重壓力,需要減壓、抽離、宣洩情緒,人們對於放鬆的需求與日俱增,或許每個人都有自己喜歡的紓壓方式,但是如果可以多選擇一份負擔得起的消費活動,選購自己喜愛的療癒小物,能以較少的開銷換取心靈上的療癒,讓心情能夠得到平復甚至獲得宣洩,也因此獲得某種治療效果,這份讓自己健康快樂的投資,是划算且值得的。

療癒小物可以給人們帶來許多好處,不只可以提振精神、紓緩疲勞、消除緊張、改善情緒、安撫低落之情緒、平衡心理、減輕壓力、幫助放鬆,還可以讓人們產生「我還是能夠掌控人生」的豁達感受。

儘管療癒小物有治癒人心的功能,但最重要的,還是要

在忙碌、充滿壓力的生活中找到身心靈的平衡點。透過與療癒小物的對話，其實就是跟自己在對話，在跟療癒小物的交流互動過程中，別忘了還是要正視自己的壓力問題，搭配其他有效紓壓的管道或方法，如此更能事半功倍。

不論你是否已經找到一個適合自己的紓壓方式，琳瑯滿目、充滿巧思與創意的療癒小物商品的確能讓既忙碌又無暇照顧自己的現代人又多了一種紓壓的選擇！三不五時，看看、聞聞、摸摸、抱抱、捏捏、聽聽、想想、敲敲打打……就讓你最喜歡的「精神守護者」陪伴在你的手邊身邊，讓它們療癒你於無形之中吧！

找到讓你有感覺的療癒小夥伴，讓你的心靈有個伴！

你累了嗎

其實許多人一直處在「累了」的狀態，身體累，心裡更累，有時還說不出到底累在哪裡？其實原因主要是來自於「精神內耗」。

這個看不到、摸不到、但是無形中讓人們感覺很累的「內耗」究竟是什麼？

● 空轉內耗容易消耗身心精力

「內耗」這個詞，可能有些人會感覺比較陌生，其實內耗可以發生在各種地方。簡單舉個例子，原本 1 包咖啡豆可以泡出 100 杯咖啡，可是不知道為什麼，透過某一台機器泡出來的咖啡居然只剩下 90 杯？其中差距了 10 杯到哪裡去了呢？這就是這台機器內耗所導致的結果。雖然這個舉例可能比較誇張一點，不過其實是想表示，「內耗」就是內部發生消耗或是相互排斥，在無形之中產生了損失，導致最後實際的結果跟預期產生了落差。

如果我們的人體出現內耗，可能會發生什麼事呢？其實身體裡的內耗，就是內心的想法、情緒、反應，產生矛盾、排斥、衝突，導致美好的理想跟現實產生落差感，進而影響到身體內在各項機能運作，也影響到外在的表現。

舉例來說：

在學校身為學生，原本設定目標要一星期內完成學校的課業報告並且拿到最高分，可是每天都好累，想休息時又惦記著目標，無法充分休息，直到最後一天才匆匆忙

忙地趕完課業報告。看著自己的結果跟預期的完美報告產生很大的落差，心情又跟著變差，導致更覺得累了。

在職場身為員工，原本打算高標準完成老闆或上司交代的工作量，可是每天都好累，想努力又力不從心。最後看著自己的結果，不只是自己不滿意，連老闆或上司也覺得不應該這麼差，外受責備，內心又悶，導致更覺得累了。

在家中身為家庭主婦，原本這星期打算好好陪伴小孩完成學校的畢業典禮準備活動，可是每天都好累，忙家事、忙照顧公婆、忙三餐、忙雜事，一星期莫名的過去了。事後才想起原本答應想要給小孩的畢業驚喜也沒規劃好，面對小孩的失落，想到期望與預期的不符，導致更覺得累了。

其實諸如此類的事情，在生活中很常見，不論處在職場、學校、家庭生活、社團生活、各種環境、各類人際關係等，都可能產生無形的內耗；導致許多人莫名地疲勞、記憶力變差、容易頭昏、注意力不集中，甚至有時可能也說不上來到底怎麼了，但感覺就是又累又倦、

提不起勁。爲什麼會這樣呢？許多人會對自己或外在的人事物有比較高的要求和期待，如果中間計畫有點變化或是差距，就會產生失落感或是憤怒或是失望等負面情緒，就是這些來自於內在的「不滿足感」產生了內耗。

● 想要減壓，先要停止不斷處於跟自己戰鬥的狀態

對大多數人來說，都希望變得更有錢、變得更成功、可以讓自己或是家人享受更好的生活、實現自己的理想或是夢想等，但現實中總是存在各種變數。例如難以控制的大環境變化、一日多變的人心、突如其來的事件、容易受到干擾的情緒、或是判斷失誤等，這些時刻更考驗著每個人內心面對變數的承受力。

當努力過後，卻因一些外力介入，導致努力的成果跟預期落差太大，一些負面感受就會開始默默的在內心發酵，像是自責、憤怒、難過、悔恨、恐懼、沮喪、壓抑、疲勞、麻木、焦慮、憂鬱、迷茫等，如果讓這一連串伴隨而來的負面情感在無形中持續影響著自己，接著就

會產生自我矛盾或是自我否定的現象。每當外在的情況
不如計畫般的完美，內在的隱形傷痛就會再次浮現，不
斷的循環，甚至嚴重一點還會討厭自己，就這樣，在內
心深處自己跟自己的戰爭不斷上演。雖然看不到也摸不
到，但在無形中卻已經大量耗損精神力、體力、意志力
了，才會有時候可能也說不上來到底怎麼了，就是又累
又倦或是提不起勁的樣子，這就是引起人們莫名覺得累
的重要原因。

聊到這裡，我們先來談談「內心的自我爭鬥」指的是什
麼？這需要先說到孩童時期或是求學階段，絕大多數的
家長或整個社會的價值觀，就是一直反覆教導著做人應
該要積極、樂觀、正面、快樂、努力、上進、正面能量；
嚴格一點還被灌輸應該要追求高學歷、高效率、高標
準、不能傳遞負面能量、不能隨便哭（因為哭代表你是
個弱者，會被世界淘汰）類似這樣的觀念框架。長大的
代價，就是需要學會戴起面具，扮演各種看似堅強的角
色，為了迎合社會和普遍人群的觀感，常常要很努力地
去遮掩自己的弱點和軟弱，試圖要用最好的一面來展示
給整個世界看，殊不知自己也在這過程中漸漸失去自我

原本的樣子。

就像前面提到的，在學校做課業報告的例子，他可能內心是這樣子跟自己對話的：「我千萬不能放鬆，這樣才有機會可以拿下最高分，我必須對自己狠一點，標準再高一點，不然會被同學看不起，被爸媽念……」一邊努力拚目標，同時卻又擔心拚不好的下場，導致光想這些事就累了，持續內耗，反而容易讓自己的表現打折了。

若是在職場的例子，他可能內心是這樣子跟自己對話的：「工作了這麼久，這次是我升遷的最好機會，我一定要把握，不然以後我要怎麼在這個公司立足，如果沒有做好的話，也不好跟家裡交代，這真是太丟臉了。」一邊給自己壓力，同時又擔心沒達標的下場，精神的緊繃內耗，更容易導致失常。

還有上述家庭主婦的例子，他可能內心是這樣子跟自己對話的：「這次的畢業典禮是孩子人生第一次的畢業典禮，老公怎麼剛好這星期都加班啊？家裡怎麼都沒人幫忙整理？小孩子怎麼又不巧在這時間感冒？我都沒時間去專心規劃畢業典禮活動的事情了。」一邊期望給孩子

美麗的回憶，同時卻又因雜事煩東煩西的，體力精神都持續消耗了，如何讓事情照著自己滿意的方向走呢？

● 學習接納自己才是正途

不只上面說的例子，其實還有很多因素會導致內耗。例如想要變得更好更優秀、想要努力提升自己的學校課業或職場技能收入、想多陪陪小孩、想要實現自己的目標等，內心有太多的「想要」。可是一旦開始學習或工作時，卻又因感受到壓力而不由自主的想放鬆懈怠一下，可能玩玩手機遊戲，可能逛一逛社群網站，不知不覺中拖延了時間，一天就這樣過去了。接著隔天想到沒有完成學校課業進度、職場技能沒有複習、工作收入沒有提升或是帶小孩時根本都在放空、想做的事還沒做到預期的進度時，開始會產生一種愧疚感或自責感，感覺自己浪費了時間還浪費了一天。愧疚或自責之後，感覺更累，一天下來又不知不覺重複這一連串的行為，於是便習慣性陷入拖延、自責、又拖延、再自責的詭異迴圈，如此怎麼可能不產生內耗呢？

再舉個例子，可能別人隨口說的一句話，自己卻會記在心裡很久，暗自揣摩這句話的含義？擔心別人是怎麼看自己的？是不是自己哪句話可能說錯了呢？內心一直處在糾結、懷疑、不安、不愉快的狀態，如此怎麼可能不產生內耗呢？

又例如當工作遇到瓶頸時的徹夜難眠。

想哭的時候不能流淚，還要強顏歡笑。

一直做著看不到未來的工作的煎熬。

人際關係的相處不順，讓你每天懷疑自己。

面對內心的不滿，只能壓抑自己或逃避面對。

看到別人已讀不回訊息，就開始胡思亂想。

碰到挫折，就覺得自己是個差勁的人。

做事情拖拖拉拉，常常硬撐到最後一刻才完成。

面臨選擇時猶豫不決，做了決定後，內心又擔心選擇的結果不如預期。

時時刻刻都想戰勝別人，認為人生就是一場戰鬥，總把自己繃得太緊。

越想找到快樂卻越不快樂。

越想放鬆心情卻越無法放鬆。

諸如此類的「內心矛盾」，會在無意間啟動了「自我消耗」的這個內耗開關，然後就是一連串惡性循環的內耗過程，才會讓人們休息時得不到充分的放鬆，時常處在「累了」的狀態。

其實很多內耗的人，很可能是「高敏感族群」。什麼是高敏感族群呢？有一本書叫做《高敏感是種天賦》，作者伊麗絲·桑德是一位丹麥心理治療師，這本翻譯成全球 18 國語言的暢銷書中提到：如果你常常有以下這樣的情況，例如對自我要求度很高、自尊心很高、容易受到罪惡感和良心的苛責、常覺得自己沒把事情做好或是覺得都是自己不好、容易感到恐懼、容易憂鬱、不擅於排解憤怒的情緒、害怕生氣就會失去人際關係、不愛給人添麻煩、很難去拒絕別人、需要獨處、曾為他人眼中的小

事大受打擊、面對大量資訊時容易焦慮、常被大家說想太多或玻璃心……如果你看到這裡覺得上述很多都符合自己的現況，那麼你可能就是每 5 人中就有 1 人的那位「高敏感族」。

高敏感的族群大多都是努力勤奮又優秀的人，常用高標準對待自己，腦海時常上演不為人知的內心戲，可能因為長期的自我鞭策，內心一直處於彈簧拉緊或是長期上緊發條的狀態。在內心的拉扯與自我對話的驅動下，容易對外偽裝自己、隱藏脆弱，來面對現實生活。表面上是追求完美，讓自己擁有可以掌控一切的假象，背後卻抗拒事情產生劇烈變化，如果事情順利，會有平靜、滿意的感受；相反的，一旦規劃不如預期，就會很容易進入自我消耗的內耗模式。但聽點認同「高敏感是種天賦」這本書作者所說的：「高敏感絕對不是一種病，高敏的人可以比一般人更敏銳地感受到喜悅，是天生擁有特殊才能的一個族群。因為對外在變化有劇烈反應，所以反而對人生有更深的思考。」

很多人生命的空轉、消耗和內耗，是因為「不斷的為難

自己」的結果。你累了嗎？累了就累了，這才是眞實的。勇敢地面對「累了」這件事情，讓自己釋放吧！聽點挺你！

聽點知道，很多努力又敏感的人，將生命價値發揮到極致，爲人生的最高目標奮鬥，朝著實現目標努力前進，有時甚至不顧一切地壓榨自己，面對現實生活的艱難，就算撞的頭破血流，也默默地在心裡暗暗發誓：「一定要加倍努力，讓自己和家人過得更好。」

你累了嗎？聽點挺你！

放手的時候到了！是時候改變這一切了！

其實很多時候，所謂的「危機意識」或是「憂患意識」，很有可能就是最大的內耗。與其把精神力花費在這些事情上，不如甩開包袱直接行動。因爲「行動」是減少心理損耗最有效的方式之一，無論是對一件事情感到猶豫還是恐懼，只要開始行動的去做，那些內心的爭鬥、折磨心靈的情緒也會大大減弱。

人的時間和精力都是有限的，當內耗過多，那麼可以用

在其他地方的精力、心力就會變少，才會很容易在事情還沒有開始之前，就感到身心俱疲。其實很多時候，危機不存於外在，反而是躲藏於內在之中，只是很多人不願意面對這一點而已。

世界上最艱難的戰鬥，莫過於是自己和自己的對抗。

這個世界上沒有人能打敗你，除了你自己。

一個人最大敵人就是自己，往往要突破關卡的關鍵人物也是自己。人常常不是被困難打倒，而是因為自己的內耗太多，以至於喪失了對外界事物對抗的能力。聽點建議，凡事試著「多轉念」，你會發現很多事其實沒有自己想得那麼難、那麼糟。

「學會接納自己」，也是減少內耗的關鍵之一。當你全心接納自己的時候，也意味著你將真誠的面對自己的不完美。跟內心戲的自己和解吧，如此才能和平的跟真相共處，感受到真正的平靜。你也可以嘗試在心裡跟內心的自己交談，接受當下不完美的自己，然後從這個當下的自己重新出發上路。學會去除身邊不合適的，留下適

合、有用的。簡單地說，就是要清楚自己想要什麼，以及不想要什麼。當開始覺得累了的時候，先學習放下身邊手邊的一切干擾，好好休息一下，短暫的放空，有時會有出乎意外的充電效果喔！

除了學習放下之外，也別忘了還要學習享受生活，多多傾聽內心的聲音，聽從心靈的安排，無論對成功或失敗有什麼理解，只要告訴自己：「每天能做的事情就那麼多了。」學會接受這一點，適時放過自己，相信自己的努力可以帶來幸福，隨遇而安地接受一切的結果，讓情緒有了出口，內心的自己一定會感受到的！當你不再輕易否定自己，與真實的自我共生共存，內耗一定可以越來越少，在「向累了說 bye bye」的同時，說不定還會在無意間發現新的生活模式和全新的人生道路喔！

無論如何，你最不該為難的人，就是自己。

肯定自己吧！你比自己想像的還要棒。

放過自己吧！唯有全心接納自己的不完美，才有機會朝更完美邁
進。

給情緒低落的
另一個自己

你爲何會情緒低落呢？是不是有些人事物違背了你的期望呢？

我們要如何爲自己的心帶來溫暖，擊退心中的黑暗？

如何把低落的情緒，轉化成帶來希望的光明？

該如何做，才能成爲最會激勵自己的激勵大師？

● 如何走出低潮與泥沼狀態，取決你如何看待它

大多數的人在情緒低落的時候，會覺得暫時的東西是永久的。

這句話很特別，我再重複一次這句話：「大多數的人在情緒低落的時候，會覺得暫時的東西是永久的」。

爲何在情緒低落的時候，會覺得暫時的東西是永久的？

例如當你正在經歷「失戀」、「考試考不好」、「某位朋友拒絕了你」、「投資失利」、「跟老公吵架」、「小孩頂嘴」……等時刻時會情緒低落，但你當下可能不會意識到可能十五天後、一個月後，你會慢慢好起來，甚至還可能淡忘了現在情緒跌落到谷底的感覺。

當你難過的時候，可能會產生一連串的錯覺，好像天都要塌下來了、好像沒什麼希望了、好像老天都不想幫你了、好像沒有什麼好事會出現、好像看什麼都覺得糟透了……這種負面的感受一直持續著，好像會變成惡夢永久糾纏著似的，然後你不知道該如何是好。

或是處在人生低潮時會一直這樣想：「這難道就是我的人生嗎？」、「爲何我的人生可以這麼爛？」、「我好後悔跟他在一起」、「我不應該相信他的」、「早知道我當初就不應該這麼做」等，這些負面想法一直徘徊在腦海中，那時該怎麼辦呢？

其實聽點認爲，面臨情緒低落時，重要的不是在情緒裡打轉，而是傷心過後，必須思考怎麼從泥沼中走出來。儘管你已經付出最大的努力和準備，仍然不可避免的會經歷到失敗，因爲這是人生必經的過程，所以你必須讓自己變得堅強，承受得起打擊，並有能力去應對這一切。

如何從低潮中重拾信心與力量，很大程度上，是取決於「你如何看待它」！如果你可以正確看待自己的情緒與問題，絕對會對你的人生大有幫助。因爲只要是人，都一定會有情緒低落的時候，如果你可以比別人更快恢復，如果你浪費在低潮的時間比別人少，那麼你迎向成功快樂的機會就會比別人多！

我們再來換個角度來看看另一個自己吧！當你高興、快

樂、興奮的時候，你認為這種興奮美麗可以無限上綱嗎？其實，不論你再怎麼遇上值得開心狂歡的事，這種興奮的感覺只會上升到一個階段之後就會停滯。

例如當你高興快樂興奮的時候，可能會認為「我的人生太棒了」、「他同意跟我交往耶」、「終於應徵上最愛的工作」、「我中獎了」、「我們結婚了」、「你就是我的真命天子」等，當你正處於這樣的氛圍，當下可能不會意識到三個月後、半年後，你可能面臨著後續延伸出來的事情，不禁又產生新的疑問：「這就是我的人生嗎？」、「為什麼交往前後感覺變了？」、「這工作怎麼跟我想的不一樣呢？」、「我們吵架了，他真的適合我嗎？」

● 懂得放下，心才會舒坦

聊到這裡，可能很多人回想起來會發現，這樣不斷變化的喜怒哀樂，似乎重複一而再的發生，到底發生了什麼事情呢？真相就是：「所有的情緒都是短暫的。」你在情緒低落時的自己，是當時情緒的自己；相對的，你在高興快樂興奮時候的自己，也是當時情緒的自己。所有的

情緒都是短暫的，隨著人事物的轉換，時間的流逝，所有不管你認為是壞的情緒或是好的情緒，都會過去。

人在低潮時，情緒波動較大，心情極其低落，容易胡思亂想，把毫不相干的事情牽扯到一起，偏偏越想卻越容易鑽牛角尖。因為，很多時候，造成情緒低落或是感受到痛苦的東西，可能都是你想緊握不放的東西。這個緊握不放的東西，可能是有形的，也可能是無形的，它會在你想緊握時，輕易觸動你的情緒你的心，如果想擺脫它對你情緒的控制，其實也不難，只要你「願意放下」就可以了。

舉例來說，你可以試著回想一下，是否有發生過這樣的情況：你的家裡有個角落，放著你捨不得丟掉的東西，可能是你過去曾經覺得重要的東西，但當事過境遷、事隔多年後你偶然去整理這些東西時，卻發現這些捨不得丟掉的東西，對你來說可能已經不再是那麼重要了。

例如第一任男朋友的情書、第二任男朋友的情侶裝、第三任男朋友送的項鍊，可是現在你結婚了並且有了可愛的小孩，這些捨不得丟掉的東西，已經不是現在生活最

重要的東西了。或許當時這些禮物代表著你曾經轟轟烈烈愛過的證明，但現在你可能認為穩定的家庭生活會比曾經有過的那些驚天動地愛情更為重要了。因為這些情緒會過去！

例如多年前對一些物品產生了興趣與愛好，當時為了蒐集那些物品瘋狂打工、省吃儉用，不睡覺也要去排隊搶到限量珍藏品的同時帶給自己無比愉快。但如今的你，因為各種人事物的轉換、各種人生歷練的不同，帶給你愉快感覺的可能是其他的人事物了，而這些蒐集品，成了美好回憶，卻沒有再帶給自己當時熱頭上的那些感動了。因為這些情緒會過去！

● 讓時間帶走不愉快的一切

這就是人生體驗，穿插著各種可能，每個人一定都會遇到許多「當下痛苦、事後開心」的生活體驗，為何會這樣呢？因為人們的大腦會優先去衡量你即將失去的東西，這個機制會讓很多人當下產生情緒低落和痛苦的感覺，可是一些經歷過風雨或是更加年長的人會知道，雖然人

們的大腦會優先去衡量你即將失去的東西，但是大腦無法知道未來的日子將會得到什麼？ 短暫的情緒波動並不會一直持續下去，因此看透著一點的人們，比較能夠淡然處之。

回想一下，當你的心上人同意跟你交往的時候，你會很開心、高興快樂，並且想緊握不放，大腦會記住這樣的感覺。可是相反的，當你失戀的時候，大腦也會聚焦在你失去這個人的這件事情上面；因為當時你的大腦只有在想這件事情。如果你意識到，失去這個人，還有其他幾百、幾千、幾萬人可以去認識，你可以告訴情緒低落的另一個自己，事情不是只有一個面向，事情還有更多更多選擇。這一轉念，就可能幫你更容易從低潮中走出來。

其實，許多負面事情的發生，可能會帶給你失落感，但請記得，這低落感的發生，並不等於就會有不好的結果！或許上天沒有給你想要的，是因為即將要給你更好的！

人生的境遇，有時就像踏入了一個沒有樓層按鍵的電

梯，你雖然不會知道哪一樓會忽然停下，也不知道是否會有人忽然走進電梯？在電梯爬升的過程，或許你會感覺孤獨、感覺害怕，但是有沒有可能忽然停下的那個樓層，就是準備給你驚喜的地方呢？我們並不用去假設電梯會帶領你通往不對的地方，對於未來，既然還未知，爲什麼我們不嘗試著都往好的方向去思考呢？

當你眞正面對問題的時候，別用沉溺於過去曾經發生的事情來思考未來的事情，因爲過去不等於現在，更不等於未來。你的腦海就是你的許願池，你想要什麼，你的思想會牽動著行爲，就會把你帶往你想的那個方向去。

別再讓過去發生的事情牽絆著你，

別一直用過去不好的回憶恐嚇著你自己。

別一直想著：「沒有人能幫到我。」

別一直想著：「我是沒用的人。」

別一直想著：「我很失敗。」

別一直想著：「我就是沒辦法。」

當你開始情緒低落、想法負面的時候，你覺得這些打擊自己的話是誰跟你說的呢？這只是大腦在回憶之前的一些事情而已，只是一個想法，是情緒低落的另一個自己，這個並不是現在、不是當下的你！切記！面對那些低潮，與其忽視、否認或隱藏它，不如選擇面對並接受它。接受承擔那些不如意的過程，從中學習，找出失敗的重點並且學習克服它們。當你放下情緒決定做點什麼事，你就會發現，現況其實也沒有你想的那麼過不去。

我們都是人，有血有肉有感情，會有低落的情緒是正常的。開始學習善待自己才是積極的態度，能讓自己成功走出低潮，快速擊退低落感。善待自己的重點，在於你如何激勵自己，利用自我關懷、自我對話，經由鼓勵、善意與支持來激勵自己，如同我們平日怎麼對待喜歡的人，就怎麼對待自己，對自己展現善意、溫暖與尊重。

聽點認為，當你已經從舊的故事、舊的框架、舊的思維跳脫出來，你就已經是一個全新的自己了。全新的自己，隨時都可以重新出發去適應新的生活。如果新的生活沒有人陪，可以學著一個人聽音樂、看書、寫點心情

日記、看個影片或是隨時都能收聽 podcast 節目「聽點不一樣」讓聽點的聲音來陪陪你。如果一個人很難過，找個角落或者在被子裡哭一下，但別忘了先跟自己做個約定，抒發過後，就要當作關機重開，要用新的心情去過生活。

不要為了任何人或任何事折磨自己，例如不吃飯、暴飲暴食、自閉、憂鬱、自殘等，這些都是「不知道自己好在哪裡的傻瓜」才會做的事。

可以允許自己偶爾把壓力拋下，先去追劇看個影集，或是做一些自己喜歡的事情。允許自己偶爾不要管外貌，披頭散髮放鬆一下。甚至偶爾中的偶爾，趁自己獨處時，對心中那些不如意罵個 X 話，透過 X 話抒發一下情緒也沒什麼大不了，但是在抒發過後，就要記得放下那些讓你難過的事，也放過你自己。

學會承受痛苦，自己調整心態，有些話，適合放在心裡，有些痛苦，適合無聲無息的放下然後隨它去。凡經歷過的，不論好壞，只要心存正念去解讀它，都會有助於你成長。養成激勵自己的好習慣，等到你真正成長蛻變的時候，不需要你自己說，別人自然一定會看得到的唷！

:∞: 情緒是一時的，別讓你當下的痛苦，囚禁了下一秒的快
樂。

希望猶如太陽，其實一直都存在，就等著你敞開心扉迎向它。

你的夢想，我挺你

只要深信不疑，你的夢想，將因你而偉大！

你有什麼樣的夢想呢？

你有認真規劃過自己的夢想嗎？

當你朝著夢想前進的時候，有碰到困難嗎？

如果你還沒有達成夢想，可能是什麼原因導致的呢？

我們應該如何克服這些通往夢想的阻礙呢？

那個一直存在你腦海中揮之不去的遠大夢想，你有深深相信：它其實是可能被達成的嗎？

● 爲夢想打拼，不讓內心遺憾

或許有些人會覺得講夢想很可笑；有些人會認爲自己的夢想很遠大，要達成很困難；有些人會覺得，在夢想達成之前，需要先改變生活、改變環境，實際上做起來好難……有這麼多困難，你就要選擇放棄夢想嗎？

聽點想告訴你：夢想的力量，可以遠遠超過你的想像！

在爲夢想努力打拼的過程中，你可能會遇上很多失望、很多失敗、很多痛苦、很多打擊、很多挑戰，有時候你可能還會質疑自己是否辦得到？當遇到挫折時，甚至會想問上天：「難道這是命運的安排嗎？」

如果你的腦海裡，曾經出現過這些聲音或疑問，那麼聽點想跟你說：「曾經經歷失敗的你，或是目前正在面臨難關的你，請千萬不要放棄你的夢想，因爲你正經歷別人無法經歷的人生，一旦成功，你將成爲後人的導師，而這些現在正在經歷的挑戰，這些困難都將會過去，你的努力一定會留下痕跡。」

其實偉大的成就不一定要是電影裡的超級英雄才可以實現，夢想的種子眞實的存在於我們每一個人的內心。最

最重要的是，你必須先相信！必須相信你可以做到！你一定可以做到！

美國著名科學家富蘭克林有一句名言：「有的人 25 歲就死了，只是到了 75 歲才被埋葬。」這裡所謂的「死」，指的是失去了對人生的激情與憧憬，對夢想幻滅，雖然還沒有到了壽終正寢的時刻，但精神上卻已經死去了。

有的人沒有明確的夢想，一天過著一天，最後老死而去，臨終前才後悔人生在世渾渾噩噩，沒有特別的貢獻可以追憶，後悔在還可以有所作為的年紀，就選擇停止成長、停止鍛鍊自己，停止讓自己越來越好。也有的人沉溺於怠惰，喜歡抱怨，老是認為錯誤是別人造成的，卻不曾試圖改變自己的現況，沒有想辦法讓自己變得更好。還有的人，是整天光會談論夢想，卻沒有實際的為自己的夢想腳踏實地去做過努力……為什麼呢？有個很大的原因，就是這群人害怕失敗、害怕改變、害怕離開自己的舒適圈、害怕是否計畫趕不上變化、害怕失敗後別人異樣的眼光、害怕失敗後身邊親朋好友的冷言冷語。什麼事都還沒發生，就讓內心害怕的念頭澆息了夢想的火苗。

還有一種人，是害怕成功，擔心如果自己成功了會不會
失去原有的朋友或生活模式？如果成功了卻又沒能力掌
控維持怎麼辦？如果成功了會不會有家人朋友來要求更
多的資助或支持？如果成功了會不會失去現有的一切？
如果成功了要不要付出更大的代價？

● 正視自己，傾聽內在的聲音

就聽點個人經驗分享，不論成功或是失敗，都會有相對
應的代價。然而代價本身並沒有對錯好壞，取決在你有
沒有真的得到自己想要的。

舉例來說，有人夢想成為討人喜歡的人，因此可能花了
大量的時間與別人交際應酬，為了想要讓別人更喜歡
他，努力去觀察別人、研究別人、想了解別人的事情、
想跟別人混在一起，為了想變得跟對方一樣，結果認識
別人比認識自己還多，花了這麼多時間在別人身上，最
終卻失去了自我。這個「副作用」，真的是他們原本想要
的結果嗎？

聽點建議，不論你的夢想是什麼，首先，一定要先坦誠面對自己，不要忽略自己內心的聲音與渴望。

唯有真正了解自己的需求，才能設定出自己真正想要的夢想。

在每個做決定的抉擇點，都要跟自己再三確認，「這真的是我想要的嗎？」要不斷問自己這個問題，才能真正通往自己想要的目標。

除此之外，如果想要達成夢想，還必須先去除內心的負面以及恐懼失敗的因子。因為全心朝著自己夢想前進的人，上天一定會賦予他人生特殊的意義，過程中出現的困難與挑戰，都是為了培養出一個人能夠跨越各種難關的能力。在突破關卡的同時，一定可以慢慢發現自己的潛力，越來越了解真正的自我，也會漸漸的察覺出自己和其他人的不同之處，並且開始發展出自己獨有的特質。一個只會跟在別人的後面或是模仿他人的人，頂多只能成為最強的模仿者而已，想要成為自己人生的開拓者，一定要有自己的想法與目標才行。

● 每個人都擁有獨一無二的價值

別忘了，你是獨一無二的！當你爲了夢想，不斷努力成爲更好更優秀的自己，去實現自己的價值，你的夢想一定會用希望回應你！

這個世界上，沒有人可以 100% 體驗你的人生，就算是雙胞胎，也是各自過著不同的生活。別人無法參與你的每個體會，頂多只能提供他的個人經驗給你做參考而已，這是你必須要了解的。正因爲你是獨一無二的，整個宇宙沒有第二個你，所以你的自我定位非常重要。

此外，在明確自己的夢想目標以及克服自我的恐懼之後，別忘了還要多去認識結交與你夢想相近、志同道合的朋友；例如渴望成功的人、堅持努力的人、有遠大目標的人、讓想自己生命更加開闊的人。多和已經達成與你夢想相近的人相處，虛心請教他們達成夢想的方法，這些成功達成夢想者的想法與作法，有機會讓你得到不同於以往的視野與遠見，也能縮短你與夢想的距離。

如果你的夢想是希望更有成就、想做些從未做過的事情、想挑戰不同於以往的關卡、想跳脫以往的束縛，那

麼聽點認為你還必須做的一件事,就是你必須投資自己的大腦,換個更好的思維。因為你現在的結果,就是你過去的思想做為所造成的,如果你對現實還有所不滿,就必須從根本上,也就是自己的觀念上去做改善與提升。

在設定新的夢想目標時,一定要好好檢視自己,是否有一些古老的成見、固執的情緒、負面的想法、不經意的壞習慣等,正阻礙著你朝夢想前進。如果追求夢想的過程中遇到挫折了,也不要抱著自己是受害者的心態,就算今天有人潑你冷水、或是某個人讓你失望、或是某件事情讓你氣餒,你的內心也必須激勵自己:「我可以,我做得到,我一定做得到!」就算別人都還不相信,你也要成為第一個相信你自己的人,因為只有你自己最了解你自己,你可以成為你自己最大的激勵者!

不論現實情況有多糟糕,你的內心都一定要不斷地給自己鼓勵,告訴自己:「我一定行!」一定要成為最支持自己夢想的人!

不論你的夢想是想要在學校有更好的成績、想要考上理

想的學校、想要應徵到自己滿意的工作、想要在職場上晉升、想要有自己的公司、想要有自己的事業、想要賺更多錢、想要家庭更圓滿和諧、想要在社群活動更加耀眼、想要體力更好身體更健康……只要你真的想要，就立刻開始吧！培養自己的能力，訓練自己的精神力，規劃自己的時間，讓自己產生正向生產力。即刻起，活出屬於自己該有的風采，讓自己因為懷抱夢想而閃亮。

別忘了，你是獨一無二的，當你獨有的特質越來越明顯，你周圍都人事物一定會受到影響，跟著改變，幫助著你朝夢想越加邁進！

別忘了，想要擺脫過往，就必須更上一層樓。回到一開始舉的例子，如果夢想成為討人喜歡的人，與其和別人漫無目的打屁哈啦聊天試圖假裝融入環境，倒不如想辦法創造自己在團體中的價值，吸引別人來靠近你。

我再重複一次：「與其去迎合別人，不如把別人吸引過來。」你其實可以不用辛苦去取悅每一個人，只要你明確知道你有重要的目標，你是與眾不同的，這樣的自信所散發出來的光芒，一定會吸引人注意到你的。把為達

目的可能產生的「副作用」降到最小，專注在把期望達成的目標極大化，如此一來，才能算是真正有效達成夢想。

如果談到這裡，你還在談論夢想、談論目標、談論一切，最後卻什麼都沒做？那麼這樣的夢想，只能算是一些沒有意義的空話而已。所以聽點建議你，設定好夢想、做好心理建設後，一定要先踏出「第一步，開始行動」，這一步可以先讓自己擺脫「幹話王」這個外號。

這一步，可以讓你的父母驕傲。

這一步，可以讓你的老師驕傲。

這一步，可以讓你的愛人驕傲。

這一步，可以讓你的朋友驕傲。

這一步，你可以先讓自己感到驕傲；因為你已經贏過那些一直想卻還沒開始做的一大票人了！

在夢想還沒達成之前，你一定要運用自己的想像力先激勵自己，想像你可以用你成功的故事感動無數人，想

像世界因為有你而不同了，想像你選擇了一條正確的道路，你必須反覆不斷的跟自己說：「我的人生由我自己掌握，我的夢想因我而偉大，我的夢想就是我的目標，我必須堅持，直到我獲得勝利！」

聽點挺你！

你一定可以實現你的夢想！！！

你一定可以實現你的夢想！！！

你一定可以實現你的夢想！！！

夢想，來自於你敢想！

只要敢想，就別怕難！

就是因為夠難，才有傾力追求的價值，才有資格叫做夢想。

善良的你
會被人在身後捅刀嗎

強大起來吧！善良是你的優勢，不是劣勢！

在深受中華文化影響的華人社會體制之下，我們從小就被教育著「做人要善良」。但爲什麼又會聽到有人說：「小心人善被人欺？」

善良的人反而容易吃虧嗎？

善良的人反而比較容易感覺受到傷害嗎？

「善良」這個現象，是我們人性的弱點嗎？

如果善良的人可能會有上述的困擾，你還願意善良嗎？

聽點跟你說，別怕，我就是個善良的人，但是我不讓自己被上述的問題困擾。該怎麼做呢？這就是本章節想跟大家探討的話題。

● 善良很純粹美好，但絕不要變成軟弱

在進入主題之前，聽點想先問問：「你覺得自己善良嗎？你有沒有以下的特點呢？」

1. 常常會很有義氣的路見不平拔刀相助，拿起正義的刀子卻沒有相助到別人，反而被自己的刀子刺傷。

2. 時常把別人的事情放在第一位，最後導致於自己的事情都沒有做好。

3. 就算利益當前，還是會選擇先替別人著想。也因為這種善良的舉動，最後被別人利用了，導致自己很累或覺得很受傷。

4. 常有一種想保護別人的思維，會認為別人沒有我不行，或者是有我在，才能讓事情結果變得更好，所以常常想主動去幫助或是保護別人，就算自己很累、吃力不討好也在所不惜。

5. 對於別人的請求拜託都會有過度的責任感，把別人的事情當成自己的事情在處理，但卻常常落得這樣的下

場：做得好變成是應該的，做不好反而招來別人的埋怨或不滿。

6. 善良的人通常是個好相處的人，因為他會願意為了成全別人而委屈自己。為了讓別人開心或事情更圓滿，就算自己的想法或聲音被埋沒了，也願意忍受。

如果你看到這裡深有同感，上述幾項特點有符合到你的情況，那麼善良勳章就非你莫屬了。

講到這裡，聽點想先分享一個自己親身經歷的故事。

大約 20 多年前，我有兩個大學同學，他們從大學時期就是班對情侶，聽點跟他們兩人都非常要好。因為當時家裡經濟不好，需要半工半讀，所以上課時常累到睡著了，那個女生就是專門借我考試筆記的小老師，而那個男生就是在課餘時間常常會相揪一起去網咖打電動的玩伴。後來畢業了，大家各自有了各自的工作，他們很快就結婚了，我還當了他們的伴郎。

男生家境不錯，對朋友都很大方，出去吃喝玩樂各種好約也好相處，男生的媽媽對他超級疼也超級寵，所以

男生雖然比較大男人主義，希望女生以他意見爲主，但其實很多事情，他都會先去問過媽媽才會做決定。而那個女生的家境就沒有男方這麼好，從雲林小家庭嫁到台北，許多事情女方比較偏向逆來順受。

結婚 1 年多，他們就因爲家裡的事情常常發生口角，畢竟結婚與交往不一樣，交往是兩個人的事情，結婚卻是兩個家庭的事情。女生常常會用忍耐的方式去處理男方與婆媳的問題，忍耐久了，難免就會有忍不住爆發的時候，然後那個女生就會約我出來幫他們兩個人做溝通，只是每次協調幾乎都沒什麼結果，因爲男方就是會想問媽媽意見……

幾次之後，男生也不想赴約了，可能是認爲沒什麼事，懶的處理，但那個女生就會變成每次忍耐到了一個階段，就會約我出來訴苦。老實說，我還眞不想去聽她訴苦，因爲每次聽完她訴苦，我又要婉轉地去跟他老公說，使得我也很痛苦。就這樣持續了半年，直到有一天她老公氣沖沖地打電話給我約我出來，我還以爲發生什麼大事情？結果見面劈頭第一句話就是：「X 的，是不

是你勾引我老婆？」聽到這句話，我整個變成啞巴……
我第一次深刻體會什麼叫做「啞巴吃黃蓮，有苦說不出」。

我回男生：「每次見面講了什麼話，我都會跟你回報，
而且你也知道我有女朋友了，我幹嘛勾引你老婆？」

男生回我：「因為我老婆跟我吵架的時候都常會說『你說
了什麼』，把我的話拿來跟你做比較……」

我聽到這，當下超無言的，我只是基於「善良」「好心」，
想讓這對從大學認識到結婚的情侶，也是我最好的兩個
朋友，可以維持幸福的婚姻，就只是這麼簡單的想法而
已，明明他們之間常常爭吵的話題都是家裡或是婆媳相
處問題，怎麼現在居然變成我是他們吵架的導火線？於
是我嘆了一口氣，跟他說：「我盡力了，我再也不會處
理你們夫妻的事情了，你們自己加油吧！」講完這句話
我就離開了。之後他們的訊息，我也都回應貼圖而已，
不想再多表示什麼意見，以免又招來誤會，被男生認為
是我破壞他們的婚姻。

以上是聽點的故事，曾經把別人的家務事當成是自己的

事情在處理，最後弄得很受傷，現在回想起來，是自己去淌了不該淌的渾水，怨不得誰。

話再說回來，善良的人，當然還會有其他特點。

7. 非常容易同情別人。如同前面提到的故事，人家夫妻吵架關我啥事？事後回想，可能是我同情女生，可能因為大學她都借我筆記，可能我跟男生太熟，知道他就是媽寶，希望他能成熟一點。不論如何，同情心用錯地方，導致跟兩個朋友失聯，這是我再怎麼不情願也得接受的慘痛代價。

8. 善良的人，還會對於別人的得寸進尺保持著讓步。如同前面提到的故事，那個女生在交往的時候就知道男方是個媽寶，只因為常常沒有自己的主見和底線，加上臉皮比較薄，不懂得如何拒絕，即使自己不想要、不喜歡，還是會選擇迎合他人的想法，因此常常被人牽著鼻子走，當男生有點霸道的時候，也時常勉強自己去順從對方的要求。如此委曲求全，時間一久，忍耐到達極限的時候，就爆炸了，搞得自己受傷，別人還覺得莫名其妙。

9. 善良的人更願意毫無防備、沒有企圖的去幫助自己最喜歡的朋友或是家人。

一樣如同前面提到的故事，我要撥出下班時間、犧牲進修考證照的時間，去聽女方訴苦，其實是件吃力又不討好的差事，最後還落得被誤會的下場，實在冤枉。當然有些人一定會認為我根本是自找的，但其實我們這類善良的人就是不善於拒絕別人，我根本不會主動約女生說：「你要不要訴苦？」我才不會這樣做。回想之前的情況，女方出來大多都在哭……我為了他們夫妻做了這麼多，殊不知，人的需求就像一個無底洞，當他的問題沒有真正解決、需求沒有被真正被滿足或達成之前，無論我們付出再多可能都難以填滿。俗話說「解鈴還須繫鈴人」，當我們不是當事人也不是那個繫鈴人的時候，本來就該有所分寸，就算想幫忙或付出，也該要拿捏，不該過了頭。

● 一定要相信自己做得夠好了

說到這裡，聽點認為，人本來就不是完美的，缺點和優

點，都是相對的存在。從上面舉的許多例子中不難發現，善良的人，似乎更容易遇到吃虧、委屈、感覺受傷的處境，之所以會容易有這樣的心情，是別人造成的嗎？還是自己造成的？明明可能感覺到別人惡意的刀子要捅過來了，還要勉強去承受挨刀，其實這樣就不叫做善良了，叫做軟弱。

聽點認為，我們可以善良，但是不能軟弱。

我們願意付出，是因為有能力給予，而不是逆來順受的「不得不」。

我們的妥協，可以來自於包容，但不能來自於自信心不夠、認為自己不夠好。

許多善良的人，明明做得夠多夠好了，為什麼還會被別人捅刀？聽點認為，是因為缺少了自信，所以才會一直覺得自己不足不夠，才會在別人亂貼標籤的時候，還不斷自責覺得是自己的問題。

自己很努力的過著每一天，就算是達成了目標，或是完

成某個對自己的期許，卻總是忘了要鼓勵自己。當人失去自我肯定，日子一久，就會變成了一種惡性循環，會開始更容易否定自己，也更容易落入「灰姑娘心理」，讓自己過得更累。

如果一直讓自己處在自憐自艾的情境下，壞人不欺負你，要欺負誰呢？

就聽點過來人的建議，建議這類廣大的善良族群，

放 過 自 己 吧！！！！

我再說一次，

放 過 自 己 吧！！！！

你已經做得夠多了，你也已經做的夠好了，你已經無可挑剔了，你是最棒的，聽點挺你！善良的人，就是因為善良，所以更需要強大起來，才能避免不被小人利用，不被惡人捅刀。

如何讓自己強大起來呢？不妨試試看以下的方法：

1. 可以試著用「第三者的角度」來觀察自己。

感覺自己的一舉一動；而不是從自己的角度，只選擇去看見自己的不完美。因為別人看到的你，一定跟你自己看到的自己是不一樣的。當你準備否定自己的時候，請先記得，換個角度，用你善良的眼睛，好好看看自己，你會發現，當你用善良的評分標準給自己打分數的時候，你會出奇地拿高分！

2. 先學會愛自己、肯定自己。

你需要知道一件事，沒有一個人可以得到所有人的喜歡。再完美的明星藝人，都還是會有人討厭的，所以不要白費力氣的想去討所有人歡心，當你越來越想去討好別人的時候，只會離自我越來越遠，開始變得不像是自己，最後連自己都不喜歡自己。

聽點認為，喜歡自己，是不讓人傷害到你的第一步，也是讓自己不要感覺受傷最重要的一步。學習承認自己是一個怎樣的人，不管是好的還是壞的，都去接受，而不是只想著要留下優點，因為缺點也是你的一部分。

當你可以打從心底接受全然的自己，就不再需要靠外面

的認同來肯定自己，善良也不再會成為你的弱點，你將更有能力去逃離被有心人利用操弄的窘境。

3. 無論何時，都要誠實面對內心的想法。
勇敢做自己，有所為，有所不為。想付出就付出，想拒絕就拒絕，該反擊時就要反擊，你是自己的主人，不需要依靠外人來給你掌聲，你可以自己給自己力量，也不需要在意外人的噓聲，因為換他來做，也未必做得比你好！只有當你很自在做自己的時候，才能真正理解到，你是獨一無二的，全宇宙沒有第二個你，你值得擁有一切美好的事物，因為你善良！

當心念一轉，你的世界也會開始不同。就算因為善良而被人捅刀、就算有人潑你冷水、就算某個人讓你失望、就算某件事情讓你氣餒，你的內心也必須知道，你可以克服一切，你一定做得到。就算別人不相信，你也要相信你自己，因為只有你自己最了解你自己，只有你自己能陪伴自己最久；因為你的善良一定可以讓你累積福報，讓你越來越幸福與堅強！

讓我們一起善良，並為我們的善良架設防護罩，在避免

被別人利用、捅刀的同時，還能繼續做自己、幫助人，讓自己越過越好。

做自己的主人，你可以自己給自己力量！

堅持善良，猶如堅持健身，只要持之以恆，總有迎來強大的一天！

美好豐盛從何而來

心態一變，心念一轉，隨手拈來，盡是豐收。

每個人的人生中總是充滿許多選擇，這些選擇就像走到分岔路口一樣，我們得不斷問自己該何去何從呢？透過這些大大小小的選擇，每個人都走出了不一樣的人生路。

當一個人在做決定時，如果習慣去注意缺少的、失去的部分或是自我感覺匱乏，就會越來越容易覺得自己不夠好、自己的境遇不夠好，導致惡性循環，相反的，當習慣讓想法專注在美好豐盛時，就會越來越容易感到滿足富足。

美好豐盛從何而來？當還沒有擁有時，我們該如何創造？

當已經擁有時，我們又該如何保有呢？

● 讓自己主宰正面積極的心情

美好豐盛，聽起來好像是一種完美極致的結果，好像需要很努力很辛苦去追求，才有機會得到。但聽點認為，最容易也最快擁有的方法，是先從我們的心態開始著手，從保持心情平穩、平靜，或是保持好心情而來。

許多人可能會認為，一個人心情的好壞，是基於環境給予的刺激或是變化所造成的。例如早上上班時沒有塞車，所以心情愉快；如果相反的，早上上班一路塞車，心情就會受到影響。

這個例子聽起來很普通，感覺很理所當然，但不知道你有沒有發現，許多人會被環境所左右了情緒，讓自己的心情隨著外界的變化忽上忽下。但換個角度想，如果一個人能夠控制自己的情緒，掌握自己的心情，是否也能開始反過來做環境的主宰，自己決定要讓環境產生什麼影響呢？

有著共同生活圈的人們，很容易碰到相同環境產生的刺激或是變化，但卻有著不同的影響結果，為什麼呢？很大的關鍵在於個人的心態不同！

如同剛才所舉的塞車例子，每天上班路線，大概就是規律兩點一線的距離，這個距離內的同路人，其實遇到的環境條件是相同的。唯一不同的是，人不一樣、想法反應不一樣，造就了不同的影響結果。有的人可能因為早上塞車，導致心情不愉快，工作效率也降低了。相反的，有的人知道會塞車，開始調整作息時間，更早出門避開了塞車時段，雖然可能提早到了公司，可是心情卻不用受到塞車的負面影響，還因早到提高了工作效率。

舉這個例子，我們不難發現，事在人為，如果習慣去注意自己缺少或失去的部分，並將自己的不幸推給已經發生過的一些遭遇，這樣的人，不論自己已經擁有多少，都還是很容易自我感覺匱乏，思想淪於負面，很容易被情緒影響而不自知。就聽點的觀察而言，大部分會自我感覺匱乏的人，可能是因為沒有意識到要讓自己維持心情平穩，或是忽略要把壞情緒轉化成為好心情的緣故。許多著名的正向心理學家也都有指出，當一個人如果具備正向的心理素質，經常維持好心情、做好人、做好事，一段時間之後的成就，會比長時間處在負面心態的人要來的好。

一位丹麥偉人曾說過一段話：「要麼你去駕馭生命，要麼是生命駕馭你。你的心態決定誰是坐騎，誰是騎師。」

我們無法改變環境，但是我們可以改變心態！

回想起聽點在求學時，家境不好，需要半工半讀，自己賺取生活費，身上也沒什麼存款，每天的生活，大概就是三件事情不斷的循環：分別是工作、睡覺和生氣。是的，你沒有看錯，當時也不知道為什麼，每一件事情都很容易可以變成生氣的理由，看這個人不順眼就生氣，看那件事情不順利就生氣，聽到有人說什麼不順耳就生氣。在這種老是生氣的過程中，我卻沒有真正檢討過我自己，直到發生了一件事，徹底地震撼了我，讓我改變。

那天一如往常，下班之後，我騎機車趕著要去上大學夜間部的課，因為當天下著大雨又穿著雨衣，途中經過自助餐的門口，想說趕快買完晚餐，就要去學校點名，於是我就跟著門口的其他機車一起隨意亂停，便趕忙進去自助餐店夾菜。因為當時太窮了，每天晚餐只允許自己吃 40 ～ 45 元的自助餐，想吃到 45 元左右的自助餐秘訣，就是只夾兩到三樣綠色青菜但不夾肉。很快的，我

拿著自助餐便當走出來，看到我的機車被人推倒了，我忍住怒火扶起機車時，又發現車體旁邊裂開了，當下真的超氣的，但是又不知道誰做的。在生氣的當下，我順手把便當掛在機車把手，回到自助餐店找老闆，想說跟他們借看一下監視器，但因當時剛好是用餐時間，自助餐老闆太忙了，希望我另外找時間去看，我氣嘟嘟的走回機車旁邊，卻又發現我的便當不見了。

幾分鐘前機車被推倒車體裂開，幾分鐘之後我的晚餐便當又被偷走，當下真的有種很想揍人的感覺……我穿著雨衣戴著安全帽左邊右邊到處看，我猜想便當賊應該走不遠，結果我看到一個老先生走路不太穩，又快步的想小跑步前進，我眼尖留意多看了幾下，發現了他手中正拿著我的便當，於是我趕緊追上前去，一邊喊著：「你幹嘛偷我的便當！」他回我：「你憑什麼說這是你的便當？」

當時我很火大的說：「裡面沒有肉，有三樣綠色青菜，因為怕吃不飽，我會用自助餐的湯跟飯泡在一起吃好增加味道，所以我的便當通常又會多裝 2 袋湯，就跟你手

上那個便當一樣。」

這時老先生準備又要回嘴時，我已經火大了，加上學校上課時間又快遲到了，我一時情急，便抓了老先生拿便當的衣袖嗆了他一句：「你是要我現在報警調監視器來看是不是？」

老先生可能被我的舉動驚嚇到了，低聲下氣地講了一句話：「對不起，我今天都沒吃飯，真的太餓了，看到你掛在車子手把上的便當就順手拿了，真的很對不起，因為太餓了，請原諒我。」

聽到老先生這麼講，我瞬間沉默了，我完全能夠體會餓肚子的感覺……省吃儉用也是因為沒有多餘的錢可以在自助餐多夾一點菜。在那個瞬間，我收起我生氣的情緒，誠心誠意地送便當給他吃，老先生聽到的當下，說了好幾聲謝謝，臉上露出的笑容非常非常燦爛，我至今都還忘不了……

之後，因為也沒錢買便當了，我決定讓自己餓一晚上，就當作行善做公益吧！到了學校班上，同學問我為什麼

沒有帶晚餐來吃？我把過程說了出來，沒想到有一位在便利商店打工的同學聽到我的故事，居然主動跟我提，便利商店快過期的麵包通常都是送給員工吃掉，不能賣過期的東西，於是他把拿到的 4 個快過期的麵包送給了我當晚餐。就這樣，便當被偷，卻意外地跟這個同學變成了要好朋友，他知道我很窮，之後就常常會帶快過期的麵包給我吃，一直持續到我大學畢業。

● 施比受更有福，這句話是真的

事後回想這段經歷，當時因為窮，所以內心時常感到不安、感到恐懼、感到匱乏，反應到生活中的表現就是老愛生氣，一碰到機車壞了、便當被偷，便讓我整個心情受到影響。可是當我決定要誠心誠意付出唯一能做的事情之後，卻驚覺原來在自己的內心深處，有某種存在，能夠幫助我超越自己的極限，尤其是超越金錢給我的極限，超越長期貧窮所帶來的不安和恐懼。或許一個便當對很多人來說根本不算什麼，可是對當時的我而言，卻是最重要的一餐，將當時最重要的一餐付出給一個餓很久的老人，這個看似損失的舉動，卻讓我在班上能夠因

緣際會、誤打誤撞地多深交一個好朋友，還額外多了好幾年有快過期的麵包可以當晚餐吃。

不知道是上天的疼惜，還是命運的禮物，我體悟到了「真心付出，終究會回到自己身上」的道理。自那天起，我便不再有匱乏的心態了，也不再亂發脾氣了，因為我相信，我所失去的，若不是不曾屬於我的東西，便是即將會帶給我更多的東西！

我在一無所有的時候，因為學會付出，讓匱乏感離我而去，內心變得更美好豐盛，也開始懂得不必糾結生活中帶給來的每一件事，盡所能的維持心情平穩，對於生活、工作、學校，可以的話，就是多給予付出，伴隨而來的回報，往往比想像的還要大很多。真不知道是不是巧合，但是我選擇相信「施比受更有福」這個道理！

有的人不願意多付出或是給不出去，可能是因為一個錯覺，他們以為把自己的東西給出去，就代表自己所擁有的變少了，自己減損的會比收穫的還多。但其實是相反的，有科學研究證實：「足以啟動大腦快樂的反應，不是索取，而是給予。」、「快樂，是給出來的。」

亞當‧格蘭特提到：「金字塔頂端的人通常是給予者。人們之所以登上金字塔頂端並非因爲期待他人的回饋，而是當他們真誠慷慨的付出之後，人們感受到真實的善意以及幫助，所以願意將這樣的祝福再傳遞出去，而這樣的善循環最終會回到給予者身上。」

有瑞士的科學家也證實，當人們興起對他人的慷慨念頭時，可以啟動大腦快樂的反應。甘心樂意、不求回報的付出，能帶來幸福與滿足感。

覺得時間不夠的人，就多付出時間；覺得沒有感覺到愛的人，就去愛更多的人；覺得沒錢的人，就去提供價值或服務好幫助需要的人。有時候，付出所帶來的收穫，可能比金錢更有價值，付出的富足感可以逐漸驅逐匱乏感。

當一個人專注在「給予」時，可以把眼光從自身移開，讓自己不要再專注於自身的缺少、失去與匱乏，時間久了，當自己的內心逐漸被愛填滿的時候，便會發現，自己所擁有的已經比想像的要來得多了！

請相信，感恩之心，是使人們能充分享受美好豐盛的關鍵！

有的人在付出的時候，會懷抱著付出以外的目的。例如會先盤算著這樣的付出會不會有回報？如果沒有回報回饋就不想付出了，認為就是要有好處才願意付出。諸如此類的念頭，乍看之下好像沒什麼問題，但如果給予付出的出發點，只專注在於自己有沒有回報？自己有沒有好處？這種計較的念頭，也會逐漸發酵擴散，心情也會因為各種計較而讓情緒容易波動起伏，也會因為事情不如意而容易抱怨生氣，這樣就得不償失了。

如果我們可以轉換心態，改變思維，調整專注的目標，學習換位思考，認真的去想想別人的需求，不刻意不強求，有時簡單的付出，就能讓他人受到實質的幫助。當我們開始用這樣的角度看世界的時候，一定可以感受到這世界的豐裕富足。因為人之所以擔心自己付出就會失去，是因為專注在匱乏的感覺，人在匱乏、有壓力、急迫狀態時，往往難以做出最佳的決策，也難以享受到全然的美好。

想要邁向更美好豐盛的生活，可以透過減少生活選項，多為生活製造可以喘息休憩的空間，把心力留在最重要的地方。別為煩惱而停下腳步，唯有通過悲觀後的樂觀，才能成就精神上的強者！

人生的美好豐盛，就存在於我們的每一個選擇。雖然現實無法任由自己完全控制，但大部分的選擇還是操之在己，想要活的更有意思，就要用積極的態度去面對人生。

不要害怕付出，選擇沒有目的、問心無愧的付出，是最為自在的，一切隨心隨喜，不用勉強為之。如果付出是有條件的也無妨，不用強迫自己一定要當個不求回報的聖人，但可以事先把條件說出來，如果付出是為了得到別人的回報，對方也必須知道。

付出也必須要知道自己的界線，不要盲目而為，依據當下覺得哪些事是對的、哪些事是錯的而調整變動，並量力而為。正確的付出，可以產生智慧，可以讓自己成長，可以讓人際關係變好，可以增加財富，還可以一點一滴累積影響力，得到別人的尊重，也能幫助我們獲得人生

的平衡與富足。

如果把付出，比喻成種子，別看種子小，種子長大之後
的回報，可是超越種子價值的。

每一個種子都有特別的力量，然而這種力量可能來自於
不斷地創造價值，幫助別人增廣見聞或是達成目標。當
自己內心充滿富足、不斷感恩時，生命自然也會不斷產
生價值，你自會找到生命的專屬意義，而專屬於你的美
好豐盛也會不求自來喔！

心的溫度，由你決定。

唯有敞開心窗，才有機會發現那道一直都存在的希望曙光。

真正有效的紓壓處方！

以醫學科研為基礎，分享紓壓解憂 12 良方

作　　　者／黃素珍
美 術 編 輯／申朗創意
責 任 編 輯／柏蓉
書 封 設 計／彭聖婷
插 畫 設 計／彭鈺程
企畫選書人／賈俊國

總 編 輯／賈俊國
副 總 編 輯／蘇士尹
編　　　輯／高懿萩
行 銷 企 畫／張莉榮‧蕭羽猜、黃欣

發 行 人／何飛鵬
法 律 顧 問／元禾法律事務所王子文律師
出　　　版／布克文化出版事業部
　　　　　　台北市中山區民生東路二段 141 號 8 樓
　　　　　　電話：(02)2500-7008　　傳真：(02)2502-7676
　　　　　　Email：sbooker.service@cite.com.tw
發　　　行／英屬蓋曼群島商家庭傳媒股份有限公司城邦分公司
　　　　　　台北市中山區民生東路二段 141 號 2 樓
　　　　　　書虫客服服務專線：(02)2500-7718；2500-7719
　　　　　　24 小時傳真專線：(02)2500-1990；2500-1991
　　　　　　劃撥帳號：19863813；戶名：書虫股份有限公司
　　　　　　讀者服務信箱：service@readingclub.com.tw
香港發行所／城邦（香港）出版集團有限公司
　　　　　　香港灣仔駱克道 193 號東超商業中心 1 樓
　　　　　　電話：+852-2508-6231　　傳真：+852-2578-9337
　　　　　　Email：hkcite@biznetvigator.com
馬新發行所／城邦（馬新）出版集團 Cité (M) Sdn. Bhd.
　　　　　　41, Jalan Radin Anum, Bandar Baru Sri Petaling,
　　　　　　57000 Kuala Lumpur, Malaysia
　　　　　　電話：+603- 9057-8822　　傳真：+603- 9057-6622
　　　　　　Email：cite@cite.com.my
印　　　刷／卡樂彩色製版印刷有限公司
初　　　版／2022 年 8 月
定　　　價／380 元
Ｉ Ｓ Ｂ Ｎ／978-626-7126-25-7
ＥＩＳＢＮ／978-626-7126-26-4（EPUB）

國家圖書館出版品預行編目 (CIP) 資料

真正有效的紓壓處方！以醫學科研為基礎，分享紓壓
解憂 12 良方 / 黃素珍作 .-- 初版 .-- 臺北市：布克文
化出版事業部出版：英屬蓋曼群島商家庭傳媒股份有
限公司城邦分公司發行，2022.08
　面；　公分
ISBN 978-626-7126-25-7(平裝)

1.CST: 抗壓 2.CST: 生活指導

176.54　　　　　　　　　　　　　　　111005208

城邦讀書花園　布克文化
www.cite.com.tw　www.sbooker.com.tw